AF565766

Hubertus Halbfas

Säkulare Frömmigkeit

Hubertus Halbfas

Säkulare Frömmigkeit
Gespräch über ein aufgeklärtes Christentum

Patmos Verlag

VERLAGSGRUPPE PATMOS

PATMOS
ESCHBACH
GRÜNEWALD
THORBECKE
SCHWABEN
VER SACRUM

Die Verlagsgruppe
mit Sinn für das Leben

Für die Verlagsgruppe Patmos ist Nachhaltigkeit ein wichtiger Maßstab ihres Handelns. Wir achten daher auf den Einsatz umweltschonender Ressourcen und Materialien.

2. Auflage 2022

Verlagsgruppe Patmos in der Schwabenverlag AG, Ostfildern
www.patmos.de

Umschlaggestaltung: Finken & Bumiller, Stuttgart
Umschlagabbildung: Der Löwenmensch aus der Stadel-Höhle im Hohlenstein, Lonetal. Zeichnungen: © Christina von Elm, Tübingen
Gestaltung und Satz: Ansgar Halbfas
Druck: GGP Media GmbH, Pößneck
Hergestellt in Deutschland
ISBN 978-3-8436-1299-9

Inhalt

Vorwort

Diesem Buch ging vor vierzig Jahren ein Buch mit dem Titel »Der Sprung in den Brunnen« vorauf, das den Untertitel »Eine Gebetsschule« trägt. Es gibt dieses Buch immer noch im Buchhandel, ungewöhnlich für ein »frommes« Buch. Damals schrieb ich: »Ein Mensch, der sich nicht vorstellen kann, dass Gott ist, ist keineswegs gottlos. Wohl aber, wer Gott als nützliche Sache missbraucht: mit ihm Geschäfte machen will und ihn als Vorwand seiner Interessen nimmt.«

Das denke ich heute noch. Aber ich habe vieles hinzugewonnen, was mir vor vierzig Jahren noch fehlte. Ebenso wie jenes erste Buch ist auch »Säkulare Frömmigkeit« in Dialogform geschrieben, was die Lektüre erleichtert, streckenweise vielleicht spannend macht. Die Spannung rührt aber weniger aus der Form als aus den verhandelten Inhalten. Es geht darum, wie »Frömmigkeit« säkular verstanden und was heute sinnvoll von »Gott« gesagt werden kann: um Naturwissenschaft und Naturfrömmigkeit, um Kriege und Friedensarbeit, um das, was Menschsein ausmacht, um die Botschaft des historischen

Jesus von Nazaret im Unterschied zum verkirchlichten »Christus«.

Den Frage- und Aufgabenstellungen, die sich daraus ergeben, wird sich kein geistig interessierter Mensch entziehen, einerlei, ob er sich christlich versteht, von dieser Position gelangweilt entfernt hat oder auch scharf davon abgrenzt. Das ist zumindest die Hoffnung des Verfassers: Ob Christ, Noch-Christ, Nicht-mehr-Christ, Antichrist oder Atheist: säkular verstehen sich alle und sind als Leser willkommen.

Hubertus Halbfas

Was ist säkulare Frömmigkeit?

Du hast mich gebeten, dich beim Schreiben kritisch zu begleiten. Hast du eine Kurzformel für dein Buch?

Ich denke an ein Buch für Menschen, die meinen, keine Christen (mehr) zu sein; und für solche, die meinen, Christen zu sein, vielleicht ohne es zu sein.

Das hört sich vertrackt an. Wie soll das Buch denn heißen?

Säkulare Frömmigkeit.

Das gibt es so wenig wie ein hölzernes Eisen oder einen viereckigen Kreis.

Welcher Begriff stört dich?

Ganz klar: Frömmigkeit. Der Begriff gehört den Kirchenchristen.

Das ist zu kurz gedacht. Erst in neuerer Zeit verengt sich der Begriff, wenn er sich auf Gott und kirchliche Gläubigkeit bezieht. Im Mittelhochdeutschen »läszt sich noch kein bezug von vrum [fromm] auf den gottesdienst nachweisen«. Im 15./16. Jahrhundert beginnt man, sich »dieses worts ausschlieszend zu bedienen, wenn von gott und vom glauben die rede ist«. Vordem ist »ein frumber Ritter kein Betbruder, sondern einfach ein tapferer Mann.«

Wer weiß das denn noch?

Goethe jedenfalls. Sein Werther »folgt Lotten mit frommen Schritten«. Auch Tiere kann man fromm nennen: Ein Pferd, das sich nicht bäumt, nicht ausschlägt, nicht abwirft, das lenkbar ist, ohne Tücke ... nennt man fromm. »Sag', ist's ein schönes Pferd, das heut mich tragen soll?« — »Ein Schimmel, lebhaft, fromm und glänzend wie das Licht« (Goethe, Elpenor).
Auch die Erde kann — bei Friedrich Schiller — fromm heißen:

> Daß der mensch zum menschen werde,
> stift' er einen ewg'en bund
> gläubig mit der frommen erde,
> seinem mütterlichen grund.

Bei Wilhelm Busch ist die fromme Helene aber alles andere als ein menschliches Musterexemplar. »Helene denkt nicht so wie jene. / Nein, nein: sie wandelt oft und gerne / zur Kirche hin, obschon sie ferne.«

Da ist die Dekadenz der Frömmigkeit bereits fortgeschritten. »Früemeken stal ne Kau und brachte am drüdden Dage dat Strick wiyer.« [Frömmeken stahl eine Kuh und brachte am dritten Tag das Strick zurück.] Viel früher verbindet sich »frombkeit« sogar mit kriegerischen Tugenden: »Wiltu sein ein frummer man, / so verantwurt dich auf dem plan«. Oder: »Ich wil mich erweren gegen euch mit meinem schneidenden schwert, da wil ich euch weisen, ob ich frumm sei oder nit.« Ein andermal: »Ein Oberster sol nach frombkeit und nicht nach glück erwehlt werden.« Im Althochdeutschen gilt die Bedeutung von rechtschaffen, tapfer, tüchtig, vortrefflich. Der vermeintlich unvereinbare Gegensatz von Säkularität und Frömmigkeit ist also kein Gegensatz.[1]

Jetzt aber stört die kriegerische Note, die du herausstellst.

Es gibt halt ein breites Bedeutungsspektrum. Bedenk die folgenden Redensarten: Dem Frommen ist jede Erde Gottes Acker. — Dem Frommen steht alles offen. — Man muss die Frommen weit vom Kloster suchen. — Wo man viel vom Frommsein spricht, da suche nur die Frommen nicht.

Das sind zeitgebundene Varianten. Wie verstehst du Frömmigkeit?

Ich will das Wort Frömmigkeit aus dem kirchlichen Milieu zurückgewinnen. Säkular lebende Menschen sind nicht unfromm. Fromm können auch Atheisten sein. Fromme Menschen gibt es in allen Völkern und unter allen Lebensformen: Man kann jeden Beruf fromm ausüben. Ein frommer Schreiner zu sein, bedeutet zunächst einmal, diesen Beruf zu lieben; mit Freude zu arbeiten, Kenntnis und Geschick zu entwickeln, sich weiterzubilden; auch die Arbeiten früherer Generationen mit Interesse zu studieren; eine Vorstellung vom Wohnen zu haben und Kunden beraten zu können. Das alles mit Kompetenz, Sensibilität und in handwerklicher Qualität. Da kommen die alten Kennzeichen von Frömmigkeit wieder zum Tragen: rechtschaffen, sorgfältig, tüchtig, ja vortrefflich. Das differenziert sich, je nach Beruf, immer wieder anders.

Wird damit nicht das Ende aller Religionen erreicht?

Warum sollte das sein? Religion besteht doch nicht in der Bindung an Glaubenssätze und kultische Praktiken. Auch eine säkulare Existenz kann religiös und fromm gelebt werden. Die Form, die ich meinem Leben gebe, wie ich den Tag beginne und abschließe, wie ich meine Berufsarbeit verstehe, der Umgang mit Menschen, bekannten und unbekannten, das alles kann Tiefgang haben, den ich religiös, aber auch fromm nennen kann.

Dann wären die profanen Dinge aber nicht nur profan?

Man kann ohne Bewusstheit essen und trinken, bei dumpfer Wahrnehmung. Ohne Sinn für Form und

Gestalt stehen Speise und Trank auf dem Tisch. Jeder beginnt zu essen und verlässt den Tisch, wenn er satt ist. Doch kann der Tisch auch einladend gedeckt werden. Eine Blume steht darauf, eine Kerze wird angezündet. Dann ist das Mahl bereitet. Man beginnt gemeinsam, spricht miteinander und beendet die Mahlzeit gemeinsam. Es wird mit Freude gegessen und getrunken. Alles ist auch des Wortes wert. Das Brot und der Wein verdienen, heilig und göttlich genannt zu werden, wie es die Griechen zur Zeit Homers taten.

Genügt es nicht, von »kultivierten« Mahlzeiten zu sprechen?

Gewiss, aber dazu gehört eine gebildete Wahrnehmung. Es ist gut, hier die alten Griechen zu erwähnen. Mit der Zeit Homers begann die Genialitätsepoche Griechenlands. Damals traten die olympischen Götter auf: Zeus, Apollon und Athene; Artemis und Aphrodite. Mit dem Aufgang dieser Götter verband sich die Selbstfindung des griechischen Geistes. Obwohl die Griechen über die prächtigste Mythologie verfügten, die je ein Volk besessen hat, lenkten ihre Götter nicht den Weltenlauf. Sie haben darum auch nicht das Ethos gelehrt, wie Jahwe vom Sinai aus. Eher kann man sagen, dass die Götter das Ethos von den Menschen lernen mussten. Für die alten Griechen war das Göttliche mit dem Natürlichen und Notwendigen verbunden, sogar eins damit. Darum bewegt sich das menschengestaltige Bild der griechischen Kunst auch ganz auf der Linie der Natur: das Menschen- und Götterbild bleibt ohne Heiligenschein.

Wie verhalten sich dann das Göttliche und das Menschliche zueinander?

Die griechischen Götter treten uns entgegen in den Skulpturen der klassischen Antike. Sie offenbaren ihre Geistigkeit in der Gestalt des Menschen. Da mag eine Skulptur als Apollon bezeichnet werden, doch ist sie nichts anderes als ein schöner jugendlicher Mann. Wer diese Gestalten als Offenbarungen sieht, könnte sagen, dass die alten Griechen frommer gewesen sind als irgendein Volk des neueren Europa. Aber es bleibt letztlich — trotz aller Götternamen — eine säkulare Religion, wobei zu beachten ist, dass die Griechen nicht einmal ein Wort für »Religion« hatten.

Worin unterscheiden sich die alten Griechen vom biblischen Gott?

Zunächst kennt die griechische Religionswelt kein Dogma, keine verbindlich gefasste Lehre, auch kein heiliges Buch. Stattdessen geht es der griechischen Frömmigkeit um das Bild des Menschen. Davon zeugt die Dichtung mit ihrer Gattungsvielfalt: vom

Epos bis zur Tragödie und Komödie, daneben die pragmatische Historie und der philosophische Dialog, auch Rede und Essay, Lebenserinnerung und Biographie ... Formen der Poesie, die bis heute die Weltliteratur beherrschen mit Gattungen, die diese Kultur reflektiert und begrenzt hat, und mit Gestalten, wie sie die Welt vor dem Auftritt des Griechentums nicht kannte, ob wir nun Achilles und Hektor nennen, Agamemnon und Helena, Orestes, Ödipus, Medea und zahllose weitere. Bis zum Tage verarbeiten wir in diesen Figuren die Grundkonflikte des menschlichen Lebens.

Daneben steht die Pracht der menschlichen Skulpturen, die keinem Zweck dienten, zumal keinem zur Sicherung des persönlichen Lebens über den Tod hinaus. Was die Griechen — das bildnerisch begabteste Volk der Welt — damit an den Tag brachten, bleibt zur Klärung unserer eigenen geistigen Kultur unentbehrlich.

Zugleich sind es die Fragen, die Menschen nach dem Woher und Wozu der Welt stellen, mit denen sie die europäische Philosophie und Wissenschaft begründeten. Denkwürdig ist, dass der Gott Apollon auf die Frage nach dem weisesten Menschen den Sokrates genannt hat. Und Sokrates hat diesen Spruch des delphischen Orakels in dem Sinne gedeutet, dass er sein Leben dem Suchen nach Erkenntnis, zumal der Selbsterkenntnis, widmen müsse und dass dies der

Kopf des Gottes Apollon vom westlichen Giebeldreieck des Zeustempels in Olympia (um 460 v. Chr.)

»Die Gottheit ist und bleibt die Natur; aber als ihre Gestalt ist sie geistig, und als ihre Vollendung ist sie Hoheit und Würde, deren Glanz ins Menschenleben strahlt.

Die Olympier, die von Homer bis Sokrates der Religion das Gepräge geben, ... waren weit davon entfernt, den Menschen in überweltliche Geheimnisse einzuweihen und ihm ihr verborgenes Götterwesen zu enthüllen. Nicht den Himmel, sondern sich selbst sollte er erforschen. Das bedeutet keine Gewissensprüfung und kein Sündenbekenntnis. ›Erkenne dich selbst!‹ – diese Mahnung, die schon der homerische Apollon, wenn auch nicht mit diesen Worten ausspricht, will sagen: Achte auf die heilige Gestaltung der Natur, bedenke die Grenzen der Menschheit; erkenne, was der Mensch ist.« *Walter F. Otto*

Kopf der Göttin Hygieia aus dem Tempel der Athena Alea in Tegea in Arkadien (350 v. Chr.).

»Die naturhafte Größe der menschlichen Urgestalt ist zugleich das Bild der Gottheit ...

Das Bild der Olympischen Götter wurde für die Richtung des griechischen Denkens entscheidend. Statt seine Kräfte und Tugenden mit frommer Phantasie ins Himmlische zu steigern, schaute der griechische Geist in den geschlossenen Linien seiner Natur den Umriss des Göttlichen ... Das bedeutendste Werk dieses Theomorphismus ist die Entdeckung der menschlichen Urgestalt, die, als sublimste Offenbarung der Natur, auch der echteste Ausdruck des Göttlichen sein musste.« *Walter F. Otto*

Gottesdienst sei, dem er keiner irdischen Gewalt zuliebe untreu werden dürfe, auch nicht unter einer Bedrohung mit dem Tode.

Die griechischen Götter möchte ich fiktiv nennen. Ich weiß nicht, ob sie je so geglaubt wurden, wie Juden vor zweieinhalbtausend Jahren an ihren Jahwe glaubten und immer noch glauben. Und die Christen in ihrem Erbe. Denn Jahwe ist auch der Gott Jesu. Aber Athene, Aphrodite und Apollon sind doch eher poetische Figuren ...

Gewiss ist die Wahrnehmung des Göttlichen im Griechenland Homers anders. Unsere wissenschaftlich orientierten Begriffe wie Theologie, Theokratie und Atheismus beruhen auf der ungeprüften Annahme, theós sei dasselbe wie »Gott«. Theós ist kein im Kult gebräuchliches Wort. Die altgriechische Grammatik kennt keinen Vokativ zu theós. Erst im Spätgriechischen, bei jüdischen und christlichen Schriftstellern, taucht der Vokativ auf, den Kult und Gebet erfordern. Selbst der Nominativ theós als Anrufung ist spät.

Das passt ja zu meiner Ansicht, dass die Götter der Griechen mehr poetisch als real gedacht wurden.

Hier ist eine wichtige Unterscheidung zu beachten. Ursprünglich wurde nichts von theós ausgesagt, sondern theós wurde von etwas ausgesagt.

Griechisch gedacht kann man von einem Ereignis sagen: »Es ist theós!« Helena ruft in der gleichnamigen Tragödie des Euripides aus: »O Götter! Denn es ist Gott, wenn man die Lieben erkennt.« Das Ereignis des Erkennens der Lieben ist theós. Ein göttliches Ereignis wird wohl im Nominativ begrüßt, aber nicht im Vokativ angeredet. Theós geschieht in dieser Welt und ist ganz in diesem Geschehen.

Das allerdings ist eine bedeutsame Sinnverschiebung.

Das *theion*, das Göttliche der griechischen Philosophen, ist da, wenn es in seiner Eigenschaft als theion erkannt wird. Dann leuchtet es überall — durch alles und in allem. Es leuchtet in Jahreszeiten und Mondphasen, in allen Lebensaltern und Lebensbereichen. Es geschieht, wenn ein Kind geboren wird. Es leuchtet auf im kleinen Mädchen, in der jungen Frau und im jungen Mann, im erwachsenen Leben und in der Weisheit des Alters. Wo es uranfänglich aufleuchtet, bei der Geburt, können es noch alle Götter sein. Aber im kleinen Mädchen ist Artemis aufgeleuchtet, im Jüngling Apollon, und in den Männern und den reifen Frauen leuchtet wieder Verschiedenes auf.

Das gefällt mir. Das kann jeder Mensch anerkennen. Die Welt und das Leben werden nicht banal. Man kann ein frommer Atheist sein.

Wenn man die christlichen Dogmen nicht mehr verständlich findet, ist man nicht gleich ein Atheist. Aber hör zu, was noch zu sagen ist: Alle Bereiche des Lebens waren im alten Griechenland zugleich Erscheinungsformen von Göttern. Jeder Gott ist der Ursprung eines Bereiches, der aufleuchtete, wenn er in seiner Besonderheit erkannt wurde. Diese Erkenntnisse ergaben durch die Erfahrungen von Jahrhunderten — realisiert in Statuen, verehrt in Tempeln und heiligen Bezirken — die Götter Griechenlands. Da es zunächst keinen Vokativ zu theós gab und ursprünglich nichts von theós ausgesagt wurde, sondern theós von etwas ausgesagt wurde, lässt sich ein Gegenentwurf, Atheismus genannt, damit nicht verbinden. Wer sich heute als Atheist versteht — eine sehr variable Größe — muss die poetische Gültigkeit der altgriechischen Welt nicht ablehnen, sondern kann das darin aufleuchtende Geheimnis der Welt auch für modernes Denken akzeptieren.

Ich werde es bedenken. Wenn wir nun die Götter Griechenlands verlassen und nach dem Gott Israels fragen, was unterscheidet ihn?

Er ist der Gott des Gebotes und der fordernden Gerechtigkeit: »Und nun, Israel, was verlangt Jahwe, dein Gott, von dir außer dem einen: dass du Jahwe, deinen Gott, fürchtest, indem du auf allen seinen Wegen gehst, ihn liebst und Jahwe, deinem Gott, mit ganzem Herzen und mit ganzer Seele dienst.« (Dtn 10,12f.). Während der (alt)griechisch gedachte Gott stets Prädikat ist, ist Gott für Juden immer Subjekt:

> Höre, Israel, der Ewige ist unser Gott, Er allein.
> Und du sollst Ihn, deinen Gott,
> lieb haben von ganzem Herzen,
> von ganzer Seele und mit all deiner Kraft.
> Und diese Worte, die ich dir heute gebiete,
> sollst du zu Herzen nehmen.
> Und sollst sie deinen Kindern einschärfen
> und davon reden,
> wenn du in deinem Hause sitzt
> oder unterwegs bist,
> wenn du dich niederlegst oder aufstehst.
> Und du sollst sie binden
> zum Zeichen auf deine Hand,
> und sie sollen dir ein Merkzeichen
> zwischen deinen Augen sein,
> und du sollst sie schreiben auf die Pfosten
> deines Hauses und an die Tore.
> *Dtn 6,4–9*

Die Reiche rings um Israel verehrten ihre Götterbildnisse in prachtvollen Kulten. Für das jüdische Volk aber galt: »Du sollst dir kein Gottesbild machen!« (Ex 40,4). Das Bilderverbot will jeder Versuchung wehren, sich wie andere Völker Gott »anzueignen«.

Aber sogleich wird hier Gehorsam verlangt. Paulus bestand für seine Lehre sogar auf Glaubensgehorsam. Und dabei ist es geblieben. Wenn ich daran denke, wie sich die katholische Kirche dem »Dritten Reich« angedient hat als strukturgleich in ihrer Gehorsamserwartung. Darf ich zitieren?
In einem gemeinsamen Hirtenbrief vom 8. Juni 1933 schrieben die deutschen Bischöfe:

> Es fällt deswegen uns Katholiken auch keineswegs schwer, die neue starke Betonung der Autorität im deutschen Staatswesen zu würdigen und uns ihr mit jener Bereitschaft zu unterwerfen, die sich nicht nur als eine natürliche Tugend, sondern wiederum als eine übernatürliche kennzeichnet, weil wir in jeder menschlichen Obrigkeit einen Abglanz der göttlichen Herrschaft und eine Teilnahme an der ewigen Autorität Gottes erblicken.[2]

Das ist eine gefährliche Rhetorik, Lichtjahre entfernt von einem demokratischen Denken. Ich schlage vor, wir lesen die Bibel nicht in ihrer dogmatischen Inanspruchnahme. Besser lesen wir sie als Literatur, was sie ja zunächst ist. Damit verfehlen wir keineswegs die Eigenart und Qualitäten der Bibel, wir erfassen sie sogar besser als in den Auslegungen, die stets der kirchlichen Dogmatik gehorchen müssen.

Deutsche Schriftsteller haben die Bibel schon immer eigenständig gelesen und geschätzt. Thomas Mann nannte sie ein »gewaltigstes Monument« der Weltliteratur, eine »Menschheitschronik«, ein »aus dem Gestein verschiedener geologischer Zeitalter zusammengewachsenes Buchgebirge«. Auch Hilde Spiel erkennt die Bibel als literarisches Ereignis: »Die Mutter der Dichtung, deren Bedeutung nicht nur für die Religion, sondern für die Literatur unseres Abendlandes einzigartig ist.« Und Wolf Biermann: »Die Bibel ist und bleibt das wichtigste Erfahrungsbuch der Menschheit ... Die Bibel ist das erste große Kompendium, in dem alle Erfahrungen, die wir Menschen miteinander, untereinander und mit der Welt haben können, dargestellt sind, auch ohne lieben Gott. Deswegen gehört mir die Bibel genauso wie Ihnen.« Schließlich Bertolt Brecht, nach seinem Lieblingsbuch gefragt: »Sie werden lachen: die Bibel.«

Es ist unübersehbar, wie weit die Bibel das literarische Schaffen der jüdisch-christlichen Welt beeinflusst hat. Gerade der Ansatz, die Bibel literarisch zu lesen, sie umzuordnen, zu ergänzen, gegen den Strich zu bürsten, gläubig zu lesen oder ungläubig, sie aber als Literatur zu lesen ... erschließt die Bibel als ein unerschöpfliches Buch voller Mythen, Sagen, Legenden, Historien, poetischen Stücken, Gebeten, Flüchen, Rufen aus höchster Not und Lobpreis für die Gaben des Lebens.

Die Bibel wird dann aber nicht als »Heilige Schrift« gelesen!

Der Neutestamentler Otto Kuss, der sich sein Leben lang mit der Bibel befasst hat, sagt, »dass das Konglomerat ›die Bibel‹ aus einer großen Anzahl recht verschiedenartiger Konzeptionen mit teilweise sehr divergierenden, zuweilen auch sachlich unvereinbaren Inhalten (besteht), die sich nicht ohne weiteres zu einem verständlichen, in sich einheitlichen ›System‹ zusammenordnen lassen«. Dieses »Konglomerat« unter dem Anspruch dogmatischer Etiketten zu deuten, kann nur in die Irre führen. Das gilt auch für die sehr unterschiedlichen Gottesvorstellungen der Bibel. Aber die Bibel als literarisches Werk zu lesen, gibt ihr neuen Anspruch und Gültigkeit:

> Kein Buch der Literaturgeschichte wurde mehr als die Bibel zur Inspirationsquelle der Schriftsteller und Künstler aller Zeiten. Was freilich auch damit zusammenhängt, dass keine Romanfigur dankbarer als die des allmächtigen Gottes ist, da, vom Teufel einmal abgesehen, keine andere Figur die Vorstellungskraft so reich beschenkt und die Phantasie auf die Abwege vom eingefahrenen Denken lockt.[3]

Im Vorwort zu dem zitierten Buch von Hans-Peter Schmidt schrieb Jan Assmann unter dem Titel: *Die Geburt der Religion aus dem Geist der Literatur:* Erst als bestimmte literarische Bücher nicht »verunreinigt« werden durften, also nichts hinzugefügt, weggenommen und verändert, wurde Literatur zur Religion und Fiktion zur Wirklichkeit erklärt, die Schrift zur Vorschrift:

> In Gestalt der Literatur hat sich der Mensch oder vielmehr die menschliche Gesellschaft ein Auge eingesetzt, mit dem sie sich selbst beobachten und »die Frage, was und warum der Mensch in der Welt ist, zu einer großartigen Geschichte ausformen« kann [...]. Die »großartige Geschichte«, zu der die biblischen Bücher die Frage, was und warum der Mensch in der Welt sei, ausformen, ist wohl die grandioseste Fiktion, zu der sich die menschliche Dichtkunst je aufgeschwungen hat: die Geschichte vom Gottesvertrag, der ein regelrechtes politisches Bündnis zwischen einem gesetzgebenden Gott und seinem auserwählten Volk, aber zugleich auch eine Art Ehevertrag zwischen einem eifersüchtig liebenden Gott und seiner Braut Israel ist ... (insgesamt) eine alles umfassende »Weltdichtung« — von der Schöpfung bis zum Ende der Zeit. Die Wahrheit dieser Geschichte liegt gerade in ihrer Fiktionalität. Der Gott der Bibel ist nicht der »wahre« Gott, der jenseits aller je von ihm erzählbaren Geschichten und verkündbaren Dogmen verbleibt, sondern ein Bild. Dieses Bild ist aber nicht »falsch wie ein Bild nur sein kann« ..., sondern wahr, wie ein Bild nur sein kann bzw. wie nur ein Bild sein kann.

Kommt aber damit nicht Beliebigkeit in die Auslegung der Bibel hinein? Literatur hat ja die Freiheit, literarische Gestalten zu verändern oder neu zu erfinden. Dieser literarischen Freiheit steht die historisch-kritische Exegese gegenüber. Mit ihren Methoden wie Textkritik, Unterscheidung der Textgattungen, Verfasserfrage, Stilanalyse, Wortfeldanalyse ... ist sie auf wissenschaftliche Sorgfalt angelegt. Längst arbeitet der Exeget wie der »profane« Historiker auch. Hinzu gekommen ist die Archäologie. Eine literarische Wertung der Bibel ersetzt also nicht die wissenschaftliche Untersuchung ihres Textes. Dasselbe gilt für »Ilias« und »Odyssee«, ebenso für den »Koran«. Ältestes literarisches Beispiel ist das Gilgamesch-Epos.[4]

Der Gott, der in der Bibel Figur des Buches ist, kann kaum für Gott selbst gehalten werden. Er ist der zeitbedingte Ausdruck des Menschen für seinen Gott. Das macht die Figur zu einem fiktionalen, aber doch wirksamen Bild Gottes ... Wenn die Bibel in dieser Bilderwelt auch ihren religiösen Geltungsschwund erfuhr, so überlebt sie ihn zugleich in diesen Bildern, indem sie als Literatur wieder aufersteht.[5] Jedenfalls kann der literarische Geist der Bibel als entscheidender Geburtshelfer des Religiösen gelten. Das bietet die Möglichkeit, sich ohne religiöse Voreingenommenheit mit theologischen Fragen und ihrer Weltbild erzeugenden Rolle auseinanderzusetzen. Darum nochmals Jan Assmann: »In dem Maße, wie die neue Form der Schriftreligion an Gestalt und Geltung gewann, verblasste der literarische Charakter der ›Bücher‹, die zur ›Bibel‹ geworden waren. In dem Maße aber, wie der absolute religiöse Autoritätsanspruch der Bibel verblasste, trat auch der literarische Charakter der Bücher wieder hervor, aus denen sie besteht.«

Unsere Überlegungen machen die Bibel zu einem säkularen Buch. Deine Anmerkung, der Gott, der in der Bibel Figur des Buches ist, könne »kaum für Gott selbst gehalten werden« klärt die neue Situation. Der Gott der Bibel und der »Gott« des Universums sind dann nicht mehr zu verbinden?

Zunächst ist zu bedenken, dass die Kirchen über große Teile ihrer eigenen Lehre die Definitionshoheit verloren haben. Die Bibelwissenschaftler wollen sich die Ergebnisse ihrer historisch-kritischen Forschung nicht mehr vorschreiben lassen. Ob Israel das Rote Meer durchschritten hat oder Mose auf dem Sinai von Gott die Gesetzestafeln erhielt, entscheidet nicht mehr ein kirchliches Lehramt, sondern die exegetische Forschung. Alles andere verliert sich im Unseriösen.
Wenn man die Bibel als säkular denkender Mensch jedem Offenbarungsanspruch entzieht und sie kritisch als ein literarisches Dokument vergangener

Zeiten liest, ist sie nicht weniger bedeutsam; sie gewinnt sogar an Gewicht. Sie wird dann als Literatur gelesen im Kontext ihrer Zeiten. Sie unterwirft sich nicht mehr einem Lehramt, ist noch weniger Magd der Dogmatik und Erfüllungsgehilfin kirchlicher Interessen, sondern deren Korrektiv und sogar deren Mater und Magistra.

Was bleibt dann noch dem »Glauben« vorbehalten? Hat er, aufgeschrieben in Glaubensbekenntnissen und Katechismen, überhaupt noch eine orientierende Funktion?

Eine Antwort darauf gibt nicht die Bibel, auch nicht die vergangene Glaubenstradition. Die Kirchen haben ihre exegetische Kompetenz für die Bibel verloren. Sie sind aus dem Spiel ausgeschieden, weil sie es nicht mehr beherrschen. Das gilt auch für alle neueren Katechismen, die seit den 1950er-Jahren in rascher Reihenfolge erschienen und gleich wieder verfallen sind. Diese Spezies musste unter dem schnell sich verändernden Bewusstsein einen Formelbestand nach dem anderen abstreifen. Eine unablässige Häutung.

Wenn heute, wie wir sagten, »der Gott, der in der Bibel Figur des Buches ist, kaum für Gott selbst gehalten werden kann«, dann lässt sich für uns heute das Wort »Gott« aber auch kaum mehr mit Bibelstellen erklären.

Es gibt wunderbare Texte, die ihre Gültigkeit bewahren. Die Geschichte, wie Jakob in der Nacht mit dem Engel kämpft oder wie Mose dem brennendem Dornbusch gegenübersteht, der nicht verbrennt, oder wie ihm gesagt wird: Meinen Rücken kannst du sehen, aber mein Antlitz kann niemand sehen; oder die Geschichte von Elija am Berg Horeb ... Das alles sind Geschichten, die nicht vergehen. Sie umkreisen das Geheimnis »Gott«. Und wenn man dieses Geheimnis »Gott« literarisch zu fassen versucht, muss man es weder ablehnen noch bekämpfen. Daneben aber gilt, dass wir heute von Gott nicht mehr sprechen können, ohne unser evolutionäres Weltbild präsent zu haben. Solange und soweit unser Denken auf eigenen Wegen zurechtkommt, sollten wir darauf verzichten, Gott in die Erklärung der Evolutionsgeschichte einzubeziehen. »Gott« ist kein Wort der Weltraumphysik. Gott ist nicht mit dem identisch, was erforscht werden kann, und gibt zur ursächlichen Erklärung des sonst Unbekannten nichts her. Das Wort »Gott« bezeichnet keinen Begriff zur Erklärung bestimmter Vorgänge in der Welt. Gott hat auch nichts mit Erdbeben, Überschwemmungen, Seuchen, Krankheiten, Unfällen und dem Wettergeschehen zu tun. Gott verbindet sich weder mit Lohn noch Strafe. »Gott« steht vielmehr für eine ganz bestimmte Art, die Welt zu verstehen. Das Symbol »Gott« lässt sich nicht definieren. Werden aber

Fragen rationaler Welterklärung in die Symbolsprache des Mythos einbezogen, gerät die Theologie aus dem Lot und Gott und die Welt werden missverstanden. Darum ist das Wort »Gott« in den Sachbereichen der Wissenschaften systemfremd und störend. Alles Reden von Gott deutet das menschliche Leben: Religion ist Hermeneutik, das heißt Auslegung des menschlichen Daseins; zur empirischen Erklärung der Weltwirklichkeit trägt sie nichts bei.

Dann ist Gott keine Kategorie des Erkennens, sondern »nur« ein Wort, eine Chiffre, mit deren Hilfe der Mensch sein eigenes Dasein zu deuten versucht. Noch genauer: Das Wort »Gott« dient nicht dem Erfassen der Wirklichkeit, sondern der Interpretation der menschlichen Existenz im Angesicht der Wirklichkeit. Die alles entscheidende Frage heißt, welche Wahrheit und welche Wirklichkeit in dem Symbol Gott enthalten sein kann.

Ich kann auch sagen: Gibt es Gründe, religiös zu sein, so unterstehen diese keinen wissenschaftlichen Erkenntnissen oder Beweisführungen. Da sie allein im Menschen liegen, müssen sie auch vom Menschen her entwickelt werden.

Dies nimmt ein säkularer Mensch für sich in Anspruch. Er kann sich dabei auf kritisches Denken, Erfahrung und Wissen stützen. Aber müssen gläubige Menschen — wer immer sie sind — nicht die gleichen

Ansprüche stellen? Sie leben mit allen anderen Menschen in derselben Welt, in der sich evolutionäres Wissen nicht durch Glaubensinhalte auswechseln oder korrigieren lässt. Auch das Wort »Gott« steht dafür nicht zur Verfügung.

Nun wissen wir allerdings, wie vielgestaltig sich die religiöse Welt darstellt. Glauben, Wissen und Denken fallen darin oft weit auseinander. Was ich gerade gesagt habe, setzt die Grundlagen des naturwissenschaftlichen und kritischen Denkens voraus und akzeptiert diese. Von daher gilt meine Deutung von Religion für Christen wie für Nichtchristen, auch wenn es noch lange dauern mag, bis religiöse wie säkulare Menschen sich darin einig werden. Bevor ein Glaube trennt, sollte es eine breite gemeinsame Basis geben, die für alle Menschen gültig ist. Ausgangspunkt ist eine Orientierung auf der Erde: die Evolution des Lebens, der Pflanzen, der Tiere, der Menschen. Ob Christ oder Nichtchrist, wir sind mit zwingender Konsequenz Geschöpfe der Evolution. Das Wissen um die Evolution bestimmt das Denken über Welt und Mensch. Damit stellt sich die Frage nach Gott, Schöpfung, Mensch und Geschichte anders als vordem. Sie eröffnet aber keineswegs eine materialistische Weltsicht, denn auch der Geist ist ein Produkt des evolutionären Geschehens. Er ist bereits in der »toten« Natur mit angelegt und insgesamt dem Universum inhärent. Doch muss der

Geist keinesfalls ein Ausdruck göttlicher Intention sein. Er kann auch säkular als fundamentales Prinzip der Natur verstanden werden — einerlei, welche Deutungsvielfalt sich damit noch verbinden mag.

Du meinst also, bevor einer anfange, sein Christsein zu bestimmen, müsse er sich zunächst einmal als Mensch verstehen? Er könne nicht anfangen, von »Schöpfung«, »Erbsünde« und »Erlösung« zu sprechen, ohne vorher das evolutionäre Weltbild kennengelernt und verstanden zu haben? Dann würde auch nicht mehr der dogmatische Dunst entwickelt, wie er seit Paulus, Augustinus und Luther das christliche Denken und Menschenbild prägt?

Ja, dann würde er zunächst einmal gedrängt sein, das erarbeitete Wissen über den Menschen anzunehmen, statt aus mythischen Erzählungen eine dogmatistische Anthropologie zu entwickeln, die ihre Gültigkeit eingebüßt hat. Lange Zeit haben frühe Hominidenformen nebeneinander gelebt. In der mittleren Altsteinzeit vor etwa 300.000 Jahren soll sich der Neandertaler aus dem Heidelbergmenschen entwickelt haben. Die ältesten Menschenarten gehen bis zu drei Millionen Jahre vorauf. Die Ausbreitung des modernen Menschen in Europa erfolgte nach heutiger Kenntnis vor etwa 50.000 Jahren. Die ältesten Lagerplätze des Homo sapiens datieren im Donautal etwa um 41.000 v. Chr. Die aus Mammutelfenbein gefertigten kleinen Skulpturen aus den Höhlen der Schwäbischen Alb sind die ersten uns bekannten Kunsterzeugnisse. Der Löwenmensch und Flöten aus Vogelknochen und Elfenbein belegen, dass Homo sapiens seit seinem Auftreten in dieser Region Kunst in vollendeter Ausdruckskraft zu schaffen vermochte. In dieser Zeit scheinen Neandertaler und moderner Mensch über Jahrtausende parallel existiert zu haben. Noch im 6. bis 5. Jahrtausend haben letzte Wildbeuter und frühe Bauern koexistiert, wobei die Austauschbeziehungen auf friedliche Kontakte schließen lassen. Aus einem Nebeneinander wurde zunehmend ein Miteinander.

Gegenüber einer solchen Entwicklungsgeschichte der Menschheit erlischt die Relevanz einer Dogmatik, die ihre biblische »Urgeschichte« historisiert und an den Anfang – aber wann geschah dieser »Anfang«? – einen »Sündenfall« stellt, aus dem die Weltgeschichte ebenso wie das Schicksal des einzelnen Menschen eine traurige Erklärung finden soll. Aus dieser Wurzel lehrt die Kirche »dass das unermessliche Elend, das auf den Menschen lastet, und ihr Hang zum Bösen und zum Tode nicht verständlich sind ohne den Zusammenhang mit der Sünde Adams und mit dem Umstand, dass dieser uns eine Sünde weitergegeben hat, von der wir alle schon bei der Geburt betroffen sind und ›die der Tod der Seele sind‹«[6].

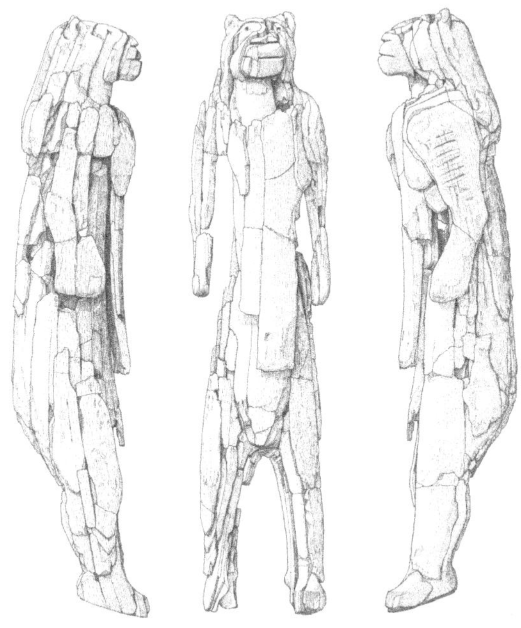

Seiten- und Frontalansicht des Löwenmenschen. Erste Bruchstücke der Figur wurden bereits 1939 entdeckt. Der beginnende Zweite Weltkrieg verhinderte weitere Untersuchungen. Erst im Dezember 1969 begann der Versuch, die mehr als 260 Elfenbeinsplitter zusammenzufügen, doch ließen sich zunächst nur etwa 200 unterbringen. Weitere kleine Bruchstücke wurden 1974 und 1975 gefunden und erneut von 2010 bis 2012 Bruchstücke aus dem Schutt der Grabung von 1939.

Die jüngste Zusammenpassung zeigt den Löwenmenschen in einer Größe von 31,1 cm. Etwa 80 der neu gefundenen und noch verwahrten Teile konnten hinzugefügt werden. Datierungen von Knochen in unmittelbarer Nähe des Fundorts gestatten die Eingrenzung auf die Zeit vor 41.000 bis 35.000 Jahren.

Der Löwenmensch ist das älteste bekannte Kunstwerk, das vielleicht einen Schamanen darstellt. Neben dem Löwenmenschen wurden in drei weiteren Höhlen der Schwäbischen Alb Statuetten aus Mammut-Elfenbein gefunden, die in denselben zeitlichen Abschnitt zu stellen sind.

Das ist eine Steilvorlage, die wir Paulus, Augustinus, Luther und den darauf fußenden Erlösungstheologien verdanken. Wenn aber zwischen dem Sündenfall des fiktiven ersten Menschenpaars dreihunderttausend Jahre, bei früheren Menschenarten sogar bis zu drei Millionen Jahre voraufgehen, nimmt sich eine Erlösung durch den historischen Jesus vor gerade einmal zweitausend Jahren doch reichlich verspätet aus. Für einen säkularen Menschen entfallen solche Konstrukte.

Zu fragen bleibt, ob und wie weitgehend Christen bei diesem Erlösungsverständnis bleiben müssen. Sie können doch die Zeiten und die darin auftretenden Hominidenformen der Evolutionsgeschichte nicht ignorieren, sondern müssen sie in ihr Glaubensverständnis einbeziehen. Gewiss wird sich die fundamentalistische Grundströmung aller Kirchen dagegen wehren. Aber nur Wahrhaftigkeit gilt. Hier erweist sich säkulares Denken in seiner reinigenden Wirkung.

Sollen wir, können wir weiterhin sagen: durch den blutigen Sühnetod am Kreuze habe Jesus die gefallene Menschheit wieder mit Gott versöhnt? »Lamm Gottes, du nimmst hinweg die Sünden der Welt«? Menschliche Väter haben kaum Freude daran, wenn ihr einziger Sohn umgebracht wird. Von der Notwendigkeit eines Sühnetodes, der Gott erst wieder den Menschen geneigt machen muss, hat Jesus nichts gewusst.

Wäre die Christenheit nicht glaubwürdiger und menschenfreundlicher geblieben, wenn ihre Kruzifixe gemahnt hätten, allen aktuell gekreuzigten Menschen Solidarität zu erweisen? Welche Gestalt und Lebenspraxis hätte die Christenheit gewinnen können, wenn ihr das Kreuz von Anfang an strenge Mahnung gewesen wäre, sich aller gequälten, verratenen und verlassenen Menschen anzunehmen!
Zugleich ist zu fragen, was die immer noch gelehrte Erlösungstheologie zum heutigen Glaubensverlust beiträgt. Kann ein kirchlich gebundener Theologe nicht wagen, die herrschende christliche Glaubensgeschichte anders zu lesen als in früheren Jahrhunderten? Ist es nicht dringend geboten, das große »Loch« im Glaubensbekenntnis, das den historischen Jesus übergeht, bewusst wahrzunehmen und diesen Defekt zu bearbeiten?

Das gilt für alle christlichen Bekenntnisse. Der Evangelischen Kirche Deutschlands gelingt es bis zum Tage nicht, sich von reformatorischen Dogmen zu trennen, die ihre Gültigkeit verloren haben. Wie wäre es sonst möglich, dass in der Denkschrift »Rechtfertigung und Freiheit. 500 Jahre Reformation 2017« gesagt wird: »Wenn der Mensch allein aus Gnade gerechtfertigt wird, dann können seine Werke keine, auch nicht die geringste Rolle spielen ... Allein durch den Glauben heißt eben ›nicht durch Werke‹. Der Mensch muss sich Gottes Gnade gefallen lassen, er muss aushalten, dass er nichts zu seiner Rechtfertigung beitragen kann«?

Dahinter steht immer noch die Erbsündenlehre, die genauso wie dieser »Grundlagentext« fraglos über Gott Bescheid weiß, was Gott denkt, begnadet oder eben auch nicht. Ohne Einschränkung bestreiten Paulus und Augustin weiterhin mit ihrer Erlösungstheologie das christliche Glaubensbewusstsein. Was aber seitdem in Sachen Sünde, Erbsünde, Verwerfung und Erlösung an Einwänden und Problemen vorgetragen wurde, wird als nicht gesagt übergangen.

Der Schriftsteller Friedrich Christian Delius hat im gleichen Jubiläumsjahr eigenständige Wege verfolgt. Er hat dazu aufgefordert, »die theologische Panscherei der Erbsünde zu beenden, die ganze Sündentheorie neu zu durchdenken, zu revidieren, radikal zu reformieren. Bei Fragen der Ethik mehr auf sachkundige Philosophen zu hören. Die Erbsünde mit Verstand in die Tonne zu treten, es sich bei der Frage der Böswerdung des Menschen nicht mehr so dämlich einfach zu machen und Gut und Böse besser zu justieren ... Solange die Gleichung Mensch gleich Sünder in den Kirchen gilt und die Angst regiert, eintausendsechshundert Jahre alte, hochproblematische Dogmen anzutasten, bleibt die Reformation eine halbe, eine verkorkste Sache«, sagte er.[7]

Es ist ein vermeintliches Wissen, das hier verhandelt wird. Die kirchliche Dogmatik nimmt »Gott« immer noch als einen geozentrischen Hausgott »über dem Sternenzelt«, von dessen Sein, Denken, Willen und Tun sie allzu sichere Kenntnis unterstellt.

Angesichts des sich weiter ausdehnenden Kosmos mit Quasaren, deren Galaxienkerne einen Durchmesser von 4 Milliarden Lichtjahren haben, Galaxienhaufen, deren Durchmesser etwa 10 Millionen Lichtjahre betragen, Galaxien wie die Milchstraße mit etwa hunderttausend Lichtjahren Durchmesser und Milliarden von Sonnen ... angesichts des völlig Unvorstellbaren explodiert die Gottesfrage. Diese strahlenden, nicht bewohnbaren Sterne und die ungeheuerlich leeren Wüsten des Weltalls mit dem Pantokrator Christus zu verbinden, ist ein Gedankenmodell, das mit dem historischen Jesus von Nazaret nichts zu tun hat.

Dann bleiben die Fragen nach dem Woher, Wohin, Warum und Wozu mehr denn je offen?

Was Weltanschauungen, Philosophien und Religionen dazu sagen, ist mythisch gedacht und vielfältig deutbar. Es gibt keine Offenbarung von »oben« oder von »außerhalb der Welt«. Es kann nie Sicherheit, sondern nur Zweifel sein, eine Unsicherheit, die durch nichts aufgehoben wird. Allein Skepsis bleibt als Fragestellung übrig.

Wie gehst du mit so viel Ungewissheit um?

Über Gott, Schöpfung, Erlösung und eine jenseitige Wirklichkeit besitzt die Kirche keine eigenen Kenntnisse. Sie meint freilich, ihrer Lehre einen Anspruch auf Wahrheit geben zu können, weil diese geoffenbart sei. Friedrich Nietzsche war kritischer. Tatsachen gebe es nicht, sagte er, es gebe nur Interpretationen. Was die Religionen der Welt über ein »Jenseits«, die »Ewigkeit« und Gottes »Gericht« lehren, müssen wir nicht ablehnen, aber es sind mythische Deutungen, die ihr Recht vom Menschen her haben.

Wenn schon die Wissenschaften ihren Anspruch aufgegeben haben, wirklich zu wissen, was Materie und Geist sind, gilt dies für eine Dimension jenseits des Todes nicht umso bestimmter?

Niemand ist je von »dort« zurückgekommen. Was hierüber gesagt wird, lässt sich auch nur bedingt in Symbol und Mythos sagen. Sofern einer diese Sprache für gegenstandslos hält, wird er vielleicht wie Bertolt Brecht vor »Verführung« warnen: »Laßt Euch nicht verführen / Zu Fron und Ausgezehr! / Was kann Euch Angst noch rühren? / Ihr sterbt mit allen Tieren. / Und es kommt nichts nachher.«

Nimmst du dieses »Es kommt nichts nachher« für dich in Anspruch?

Ich bleibe auch dieser behauptenden Sicherheit Brechts gegenüber skeptisch. Ich kann bescheidener mit Erich Fried sagen: »Es ist, was es ist.«

Mehr nicht?

Damit sage ich, dass ich mich einverstanden erkläre mit den Gesetzen des Lebens und seinen kreatürlichen Grenzen. Auch mit den Grenzen meines Wissens und des unüberwindbaren Nicht-Wissens. Ich darf daran erinnern, dass in der Bibel Israels, die auch unsere Bibel ist, nirgendwo von einem »Jenseits« oder »ewigem Leben« die Rede ist. Während Ägypten den Toten Häuser für die Ewigkeit baute, war der Gott Israels ein Gott des Diesseits — eine Ausnahme unter den Religionen des Alten Orients. Es ging den Propheten um soziale Gerechtigkeit, um das Diesseits im Hier und Heute. Man kann auch sagen, die Religion des Ersten oder Alten Testaments war säkular. — Der katholische Neutestamentler Otto Kuss gab auf die Frage »Was wäre für Sie das größte Unglück?« die Antwort: »Irgendeine Art ›ewiges Leben‹ etwa — nicht weil ich es für mich nicht wollte, sondern weil ich mir beim besten Willen nicht das Geringste darunter vorstellen kann: Was ich in tausend Büchern davon gelesen, von unzähligen Kanzeln gehört, in vielen Gesprächen erfahren habe, vermochte niemals Hilfe zu bringen.« Meinerseits möchte ich mich auf den belgischen Nobelpreisträger Christian de Duve berufen, der in seinem Buch »Aus Staub geboren« das Hohelied des menschlichen Geistes angestimmt hat:

> Der menschliche Geist, kollektiv betrachtet, ist der Schöpfer aller Technik, Wissenschaft, Kunst, Literatur, Philosophie, Religion und Mythologie. Der Geist erzeugt unsere Gedanken, Überlegungen, Ahnungen, Grübeleien, Erfindungen, Pläne, Überzeugungen, Zweifel, Vorstellungen, Phantasien, Wünsche, Absichten, Sehnsüchte, Frustrationen, Träume und Alpträume. Er kann die Vergangenheit heraufbeschwören und Pläne für unsere Zukunft schmieden; er wägt ab, entscheidet und befiehlt. Er ist der Sitz des Bewusstseins, der Selbstwahrnehmung und der Persönlichkeit, der Ort von Freiheit und moralischer Verantwortlichkeit, der Richter über Gut und Böse, der Erfinder und Handlanger von Tugend und Sünde. Er ist der Brennpunkt aller unserer Gefühle und Empfindungen, von Freude und Schmerz, Liebe und Hass, Begeisterung und Verzweiflung. Der Geist ist die Schnittstelle zwischen dem, was wir gewöhnlich als Welt der Materie und Welt des Immateriellen bezeichnen. Der Geist ist unser Fenster zur Wahrheit, Schönheit, Barmherzigkeit und Liebe, zum Geheimnis unserer Existenz, zur Gewissheit des Todes, zur Schmerzlichkeit des Menschseins.[8]

Gott oder das Weltgeheimnis

Kann ein säkularer Mensch beten?

Wir haben gesagt: »Alles Reden von Gott deutet das menschliche Leben: Religion ist Hermeneutik, das heißt Auslegung des menschlichen Daseins; zur rational-empirischen Erklärung der Weltwirklichkeit trägt sie nichts bei.« Kann ein Mensch bei solchen Ansätzen noch beten?

Wenn ich jetzt mit Ja oder Nein antworten würde, was wäre damit geklärt?

Ob du selbst aus einer Gottesbeziehung lebst, könnte vielleicht orientierend sein.

Vorab bleibt unklar, was denn »Gott« meint, und was »beten« heißen soll.

Sagen wir, sich mit einem bedrängenden Anliegen an Gott zu wenden, ihn in einer Not, Gefahr oder Krankheit anzurufen …

Du greifst nur das Bittgebet heraus. Die katholische Tradition liebt es, hier Fürsprecher einzubeziehen, vor allem Maria, von der gesungen wird: »Nein, oh Mutter, weit und breit, schallt's durch deiner Kinder

Mitte, dass Maria eine Bitte nicht erhört, ist unerhört, unerhört in Ewigkeit.« Dogmatisch gedacht darf Maria nur vermittelnde Instanz sein. Nicht die unabhängige Spenderin der erbetenen Gunst. Solche Gebete, Novenen und Wallfahrten werden immer noch praktiziert, selbst wenn der eigene Bildungsstand und Beruf rationales Denken und Zweifel dagegensetzen. Das bringt ein diplomierter bayerischer Landwirt so zum Ausdruck: »Geb'n kannt's eps, nix g'nau woaß ma net, und schad'n tuat's nia!« (Geben könnte es was, etwas Genaues weiß man nicht, und schaden tut es nie).

An den großen Wallfahrtsorten bekunden eine Überfülle von Votivtafeln die Überzeugung: »Maria hat geholfen«.

Das hat mit glücklichen Schicksalsverläufen zu tun, doch stehen ihnen die grausamen Erfahrungen gegenüber, die täglich neu erlitten werden. Wer dennoch von einem Eingreifen Gottes in Natur und Geschichte spricht, muss darüber nachdenken, welche Logik oder Willkür sich damit verbinden. Gäbe es tatsächlich einen Gott, der in die Geschichte eingreifen kann, so wäre die reale Weltsituation für diesen Gott dessen moralische Disqualifikation. Wenn schon menschliche Gerichte wegen unterlassener Hilfeleistung schuldig sprechen, um wie viel mehr wäre ein hilfsfähiger Gott wegen milliardenfach unterlassener Hilfe anzuklagen. Allein die Realität unseres irdischen Daseins widerlegt einen Gott, der allmächtig, allwissend, allweise und gütig sein soll. Dieser Gott existiert nur in einer Theologie, die weder aufrichtig nachdenkt noch aufrichtig spricht.

Du nimmst mit deinem Denken vielen Menschen den Lebensmut, die fest darauf vertrauen unter einem göttlichen oder mütterlichen Schutzmantel geborgen zu sein.

Ein Gottesvertrauen, das der Realität nicht entspricht, auch wenn es die kirchliche Tradition »glaubensstark« nennt, ist nicht durchdacht und fördert ein falsches Gottesbild. Unsere Kirchengesangbücher bieten dazu viele Beispiele an. In dem berühmten Lied von Paul Gerhardt »Lobet den Herren alle, die ihn fürchten«, wenige Jahre nach dem Dreißigjährigen Krieg 1653 geschrieben und im heutigen Evangelischen Gesangbuch unter der Nummer 447 zu finden, lautet die 4. Strophe:

> Dass Feuerflammen uns nicht allzusammen
> mit unsern Häusern unversehns gefressen,
> das macht's, dass wir in seinem Schoß gesessen.
> Lobet den Herren!

Der Vers stimmt so wenig, wie hundert andere.

Dann ist »Gott« für dich kein Gott mehr.

Nein, dieser Gott ist eine Fiktion. Natürlich kennt jeder Situationen, die halbwegs gut ausgehen, doch ebenso andere, die massiv verunglücken. Wenn nun Gott bei gutem Ausgang einer Gefährdung die Hand im Spiel haben soll, dann muss er genauso auch bei Unglücksfällen beteiligt sein. Die vor Unheil Bewahrten sitzen keineswegs in Gottes Schoß. Sie sind dem Leben ausgesetzt, so wie es spielt, immer abhängig vom eigenen Mut, oft von der Hilfe der Mitmenschen und meistens von den blinden Launen der Natur.

Du meinst, von Gott sei keine Hilfe zu erwarten? Sie komme, wenn schon, nur innerweltlich von Mitmenschen oder verdanke sich glücklichen Zufällen?

Nach den Erfahrungen in Auschwitz fragte der jüdische Philosoph Hans Jonas, dessen Angehörige dort ermordet wurden: »Was für ein Gott konnte das geschehen lassen?« Er gab sich selbst die Antwort: »Durch die Jahre des Auschwitz-Wütens schwieg Gott. Die Wunder, die geschahen, kamen von Menschen allein: die Taten jener einzelnen, oft unbekannten Gerechten unter den Völkern, die selbst das letzte Opfer nicht scheuten, um zu retten, zu lindern, ja, wenn es nicht anders ging, hierbei das Los Israels zu teilen ... Aber Gott schwieg. Und da sage ich nun: nicht weil er nicht wollte, sondern weil er nicht konnte, griff er nicht ein.«

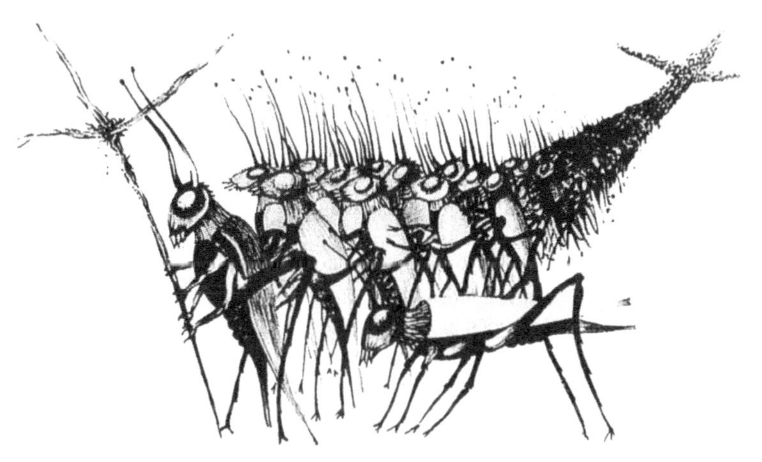

Die schwierige Lage Gottes

Und verschone uns mit Feuer,
Missernten und
Heuschreckenschwärmen«,
beteten die Farmer
am Sonntagmorgen.

Zu gleicher Zeit hielten
die Heuschrecken
einen Bittgottesdienst ab,
in welchem es hieß:
»Und schlage den Feind
mit Blindheit,
auf dass wir in Ruhe
seine Felder abnagen können.

Wolfdietrich Schnurre

Auschwitz war für Jonas der zwingende Anlass, das bisherige Gottesbild zu revidieren. Er strich das Attribut »allmächtig«. Gott kann die immanenten Vorgänge dieser Welt nicht steuern. Darum war für Jonas alles Leid der Welt kein Anlass mehr, Gott anzurufen oder mit ihm zu hadern. Er sah auch in den Katastrophen der Weltgeschichte nicht länger eine Strafe oder Prüfung Gottes, wenngleich eine Folge verantwortungsloser Politik. Das erledigt die gesamte Theodizeeproblematik, die ständig fragt: Wie kann Gott das zulassen?

Dann ist es für dich nutzlos geworden, Gott bei Naturkatastrophen um Hilfe zu bitten: bei Stürmen, Erdbeben, Überflutungen, Tsunamis so wenig wie bei menschlich verursachten Nöten wie Kriegen, Seuchen oder Unfällen?

Von Gebets»erhörungen« kann nicht länger die Rede sein, weil Bittgebete einen allmächtigen Gott voraussetzen, der in die Geschichte eingreift. Gewiss hat die Christenheit über die Zeiten hin um besseres Wetter oder gesegnete Ernten gebetet. Heute wissen wir, dass solche Bitten ins Leere gehen. Bevor Benjamin Franklin den Blitzableiter erfand, erflehten unsere Vorfahren bei Blitz und Donner göttlichen Schutz und zündeten eine geweihte Kerze an. Die physikalische Erklärung von Gewittern führte zu Blitzableitern und damit fiel Gott aus dem

Spiel. Das geht seitdem immer so weiter. Nicht Flurprozessionen, sondern der chemisch richtige Dünger sichert eine gute Ernte. Nicht Gelübde schützen vor Diphtherie und Scharlach, sondern eine Forschung, die den schützenden Impfstoff erfand. Noch vor dreißig Jahren mussten viele Herzkranke sterben, weil die Medizin nicht über die heutigen Behandlungsmethoden verfügte. So verlor »Gott« oder was man dafür hielt, immer mehr Raum im Denken und Verhalten der Menschen. Das zwingt uns, Gott anders zu denken.

Denkst du jetzt, dass dieser Gott sich nur in den Lücken unseres Wissens behaupten konnte? Dass er aber nie existiert hat?

Natürlich gedieh dieser Gottesglaube am kräftigsten, wenn das Wissen und Können des Menschen den Notfällen des Lebens nicht gewachsen war. Solange die Ursachen der Pest unbekannt waren, hatte Gott für Hilfesuchende in ihren Bittgottesdiensten seinen Platz. Es gab natürlich keine wirkliche Kenntnis auftretender »Pestilenz«. Vom Gilgamesch-Epos über die Ilias und die Aeneis bis zur Bibel finden sich Hinweise auf menschliches Massensterben. Manche antike und mittelalterliche Angaben dazu könnten auch auf Pocken, Fleckfieber, Cholera, Typhus und Masern zutreffen. In christlicher Zeit wurden solch tödliche Krankheiten häufig als Strafe Gottes verstanden. Das führte dazu, sich in sein Schicksal zu ergeben und gar nicht erst zu versuchen, der nahenden Seuche zu entkommen. Stattdessen wurden Bußpraktiken empfohlen, um Gott wieder zu versöhnen. Das führte zu einem Aufschwung der Geißlerumzüge und einer Verehrung der Pestheiligen Rochus und Sebastian. Mit Messen, Almosen, Prozessionen, Fasten und Bußübungen versuchte man europaweit der Pestilenz zu begegnen. Dabei trugen irrsinnigerweise besonders Messen und Prozessionen zur Verbreitung der Pest bei. Erst 1498 untersagte man in Venedig beim Auftreten der Pest alle Gottesdienste, Prozessionen, Märkte und Versammlungen. Dort wo der Mensch hilflos war, hat er Gott (oder einen Spezialheiligen) als Lückenbüßer eingesetzt. In dieser Funktion als Lückenbüßer hat spätestens Dietrich Bonhoeffer »Gott« mit seiner Bemerkung bestritten, wir müssten in der Welt leben, als wenn es Gott nicht gäbe — *etsi deus non daretur.*

Was Bonhoeffer 1944 schrieb, hat ein großes Echo im theologischen Disput gefunden, aber kaum etwas verändert. Hat der Klerus Bonhoeffer verarbeitet? Nein. Beten die Menschen seitdem anders? Nein. Haben sich die Gebetsformulare der Gottesdienste gewandelt? Nein. Leiten sie zu einer bewussten Eigenverantwortung an? Nein. Vielleicht wird nicht mehr um Regen oder Sonnenschein gebetet, aber Krieg und

Frieden, auch Naturkatastrophen fallen im kirchlichen Milieu weiterhin in den Kompetenzbereich Gottes. Mit welchem Recht?

Eine Besinnung, für was man überhaupt mit Sinn und Verstand beten kann, hat nicht stattgefunden. Man kann nicht dafür beten, dass Borussia Dortmund gegen Bayern München gewinnt. Wenn sich einzelne Fußballer vor dem Spiel oder vor einem Elfmeter bekreuzigen, ist das magisches Denken. Wenn ich für einen Menschen beten will — sagen wir, für einen Kranken —, muss ich mich fragen, was ich für ihn tun kann. Ob ich ihm mit einem Besuch, einem Brief, einem Blumenstrauß, einer Hilfeleistung ... Freude machen kann. Beten heißt, eine Verbindlichkeit eingehen.

Das gilt auch für die politische Bühne. Das Erdklima ist mit Beten nicht zu beeinflussen. Wohl aber sind die physikalischen Grenzen auf unserem Planeten strikt zu beachten, denn mit der Physik kann man nicht verhandeln. Die Naturgesetze haben ihre eigene Autonomie.

Mit gesellschaftlichen Vorgängen ist es nicht anders. Zu beten, dass der ausbleibende Priesternachwuchs wieder zunimmt, geht ins Leere. Die Kirche muss ihren eigenen Anteil an der Notlage erkennen. Junge Männer haben ihre Gründe, das kirchliche Milieu zu meiden. Die Art, wie in diesem Milieu gedacht, gesprochen, gelebt wird, stimmt mit dem Selbstverständnis der Jugend nicht mehr überein. Soziologische Vorgänge kann man durch Beten ebenso wenig verändern wie physikalische oder chemische Prozesse. Hilfreich hingegen sind aufmerksames Hinsehen, eine Mängelanalyse und verändertes Handeln.

Das heißt, beten nützt nichts?

Besser fragst du, was es heißt, für jemanden oder für etwas zu beten. Die sechzehnjährige Greta Thunberg war überzeugt, dass die Klimakrise von den Politikern noch nicht verstanden worden ist. Weil sie sich unverantwortlich verhalten wie kleine Kinder, sei es nun an der jungen Generation, ihre Zukunft in die eigenen Hände zu nehmen und das zu tun, was die Politik schon lange hätte tun müssen. Es sei die Aufgabe der Jugend, zu verstehen, was ihr die ältere Generation mit dem Klimawandel angetan habe, und das Chaos aufzuräumen, mit dem ihre Generation leben müsse. Daher müssten junge Menschen nun entschieden dafür sorgen, gehört zu werden. Sie werde die Spitzenpolitiker nicht weiter anflehen, sich um die Zukunft der Jugend zu kümmern. Vielmehr werde sie ihnen klarmachen, dass es zu Änderungen komme, ob die Politik wolle oder nicht. Ihr eigener Protest, der rasch Nachahmung in aller Welt gefunden hat, zeige, dass niemand zu unbedeutend sei, um etwas zu bewegen. »In einer Krise wie dieser brauchen wir Leute, die anders denken können.« Befragt, was sie selbst tue, nannte sie vier Punkte: Sie habe aufgehört zu fliegen, sie lebe vegan, habe sich einen Shop Stopp auferlegt, kaufe also nur noch das Nötigste, und sie übe auf Leute in Machtpositionen Druck aus. Meinerseits sage ich dazu: Das alles heißt »beten«.

Da fällt mir ein, dass bereits Bertolt Brecht in seinem Stück »Mutter Courage und ihre Kinder« ein Beispiel für dieses Gebetsverständnis geschrieben hat. Er verfremdet die Situation und geht zurück in den Januar 1636. Es herrscht Religionskrieg: Kaiserliche Truppen bedrohen die evangelische Stadt Halle. Nachts stoßen Kundschafter auf einen Bauernhof im Weichbild der Stadt. Halle soll im Schlaf überfallen werden. Bei den Bauersleuten befindet sich die stumme Kattrin, die niemand für gescheit hält.

»Bet, armes Tier, bet!«, sagt die Bäuerin zu Kattrin.
»Wir können nix machen gegen das Blutvergießen.
Wenn du schon nicht reden kannst, kannst doch
beten. Er hört dich, wenn dich keiner hört.
Ich helf dir.«

Alle knien nieder. Die Bäuerin betet: »Lass die Stadt nicht umkommen mit allen, wo drinnen sind und ahnen nix … und mach, dass der Wächter nicht schläft, sondern aufwacht, sonst ist es zu spät …«

Das geht so dahin, doch während die Bauersleute weiterbeten, hat sich Kattrin fort geschlichen und ist aufs Dach geklettert. Die Leiter hat sie nachgezogen und beginnt nun, eine Trommel vom Marketenderwagen zu schlagen, um die schlafende Stadt zu wecken.

Die Bäuerin: »Hör auf der Stell auf mit Schlagen, du Krüppel!«

Der Bauer: »Sie hat den Verstand verloren.«

Die Soldaten fluchen und drohen, sie vom Dach zu schießen. Kattrin trommelt weiter. »Zum allerletzten Mal«, droht der Offizier: »Hör auf mit Schlagen!« Kattrin trommelt weinend so laut sie kann. Da schießen die Soldaten, Kattrin wird getroffen und sinkt zusammen. Aber ihre letzten Schläge werden von den Sturmglocken der Stadt abgelöst. Die Menschen sind gewarnt, und in den Aufbruch der Stadt fällt der Schlusssatz der Szene. »Sie hat's geschafft«, sagt ein Soldat, hinreichend deutlich, um an das johanneische »Es ist vollbracht!« zu erinnern.

»Wir können nix machen …« Wenn man nicht unterscheiden kann, worum man beten darf und was man selbst besorgen muss, das Gebet sozusagen als Versteck vor der eigenen Verantwortung missbraucht, verwundert es nicht, dass der allein Gott überlassene Reformstau die Politik, die Welt und die Kirche verkommen lässt.

Bleiben wir noch bei Greta Thunberg. Auf der UN-Klimakonferenz in Katowice 2018 betonte sie die Schwere der Klimakrise, die noch nicht verstanden sei: Politiker verhielten sich unverantwortlich, daher sei es nun an der jungen Generation, ihre Zukunft in die eigenen Hände zu nehmen und das zu tun, was die Politik schon lange hätte tun müssen. »This is the biggest crisis humanity has ever faced. First we have to realize this and then as fast as possible do something to stop the emissions and try to save what we can save.« Das ist säkulare Verantwortlichkeit und zugleich säkulare Frömmigkeit. Hier ist Gott kein Lückenbüßer.

Führt deine Position nicht stracks in den Atheismus hinein? Du sagst, Gott ist für Bittgebete nicht erreichbar. Er hat auch mit Naturkatastrophen nichts zu tun, so wenig er in menschengemachte Dinge eingreift. Dann ist es doch einerlei, ob es ihn gibt oder nicht. Es ändert sich so wenig mit ihm wie ohne ihn.

Wir sollten lernen, das Wort »Gott« nicht vorschnell abzutun, sondern als ein sinnvolles Wort zu bedenken ...

Du sagst: »das Wort *Gott«, aber sprichst nicht von »Gott« ...*

Günter Eich sagt: »Von Gott kann man nicht sprechen, wenn man nicht weiß, was Sprache ist. Tut man es dennoch, so zerstört man seinen Namen und erniedrigt ihn zur Propagandaformel.« Ich kann also nicht einfach Aussagen von Gott machen, sondern muss reflektieren, wie ich »das Wort Gott« verstehe. Einfach alles Mögliche von Gott wissen wollen, was er ist, was er denkt, was er gebietet ... ist einem naiven Fundamentalismus zu überlassen. Hier sind ein paar Ausschnitte aus den Texten des Meisters Eckhart (um 1260–1328). Seiner Hörergemeinde sagte er:

> Wirf sie hinaus, alle Heiligen und Unsere Frau aus deiner Seele, denn sie alle sind Kreaturen und hindern dich an deinem großen Gott. Ja, selbst deines gedachten Gottes sollst du quitt werden, aller deiner noch so unzulänglichen Gedanken und Vorstellungen über ihn ... Alles, was du über deinen Gott denkst und sagst, das bist du mehr als er. Du lästerst ihn, denn, was er wirklich ist, vermögen all jene weisen Männer in Paris nicht zu sagen. Hätte ich auch einen Gott, den ich zu begreifen vermöchte, so wollte ich ihn niemals als meinen Gott erkennen. Drum schweig und klaffe nicht über ihn, behänge ihn nicht mit den Kleidern der Attribute und Eigenschaften, sondern nimm ihn »ohne Eigenschaft«, als »ein überseiendes Sein und eine überseiende Nichtheit in der stillen Wüste seiner Gottheit namenlos«.[9]

Alle Begriffe und Gottesvorstellungen werden hier verlassen. Wenn Dietrich Bonhoeffer in unserer Zeit

sagt: »Einen Gott, den ich mir vor-stellen kann, kann ich auch wieder weg-stellen«, trifft er damit Eckharts Intention. Wo der Mensch Namen und Begriffe braucht, um damit objektivierende Aussagen über Gott zu machen, definiert er mehr sich selbst, als dass er wüsste, wovon er spricht.
Eckharts Mystik ist eine Mystik für Laien, besser gesagt: für jeden Menschen. Jeder besitzt den göttlichen Funken in sich, der sich nicht auslöschen lässt. In diesem Verständnis ist Gott nicht »oben« und nicht »außen«. Die übliche Kirchensprache wird dispensiert. Darum weigerte sich Eckhart auch, von Gott als dem »Herrn« zu sprechen. Er hätte sagen können: Der Mensch, der zu sich selber findet, findet auch Gott.

Ein andermal sagt Eckhart von Gott: »Wenn er nun weder Güte noch Sein noch Wahrheit noch Eins ist, was ist er dann? Er ist gar nichts, er ist weder dies noch das.« Kann man zu einem Gott noch beten, der »gar nichts ist, weder dies noch das«?

Der französische Soziologe und Philosoph Bruno Latour hat eine sehr klare Antwort für Millionen andere gegeben: »Man kann sich nicht mehr in Form des Vokativs an jemanden wenden, der uns verstehen, uns anhören und trösten würde. Wir gehören nicht mehr zu jenen Kindern, die im Dunkeln die Stimme heben, um keine Angst zu bekommen. Der

›Gott‹, den man anrief, hat keine Hände, keine Augen, keine Ohren mehr, und sein Mund ist auf immer verschlossen«:

> Meine eigene Stimme höre ich, und nur sie, wenn ich sie einsam in der kleinen, im Jahr eintausend erbauten Kirche von Montcombroux vernehmen lasse, und leider fehlen mir die Worte, denn keines der Gebete, die dem Pilger auf von Feuchtigkeit zermürbten Pappkärtchen empfohlen werden, entspricht mehr dem Sprachspiel, auf das ich mich einlassen möchte. Gewiss, es wäre so leicht, vor irgendeiner Säule in Tränen auszubrechen, sich gehen zu lassen und ihn anzurufen: »Du, oh ›mein Gott‹, höre mein Gebet« — aber was für eine Lüge, was für ein Betrug: verlöre ich doch die, die mir nicht ins Kirchenschiff gefolgt sind, die mich auslachen und glauben würden, dass ich glaube, dass ich ihn anrufe und bete [...] Ist es etwa meine Schuld, wenn ich gezwungen bin, mich im Gebet an »Nicht-Gott« zu wenden wie seinerzeit, als die tröstende Anwesenheit eines »Gottes« als gewiss galt? Wenn man von mir verlangt, in der Stille einer ländlichen Kirche dieselben Worte hervorzubringen wie vor tausend Jahren die Bauern des Bourbonnais, wenn sie in der Bittwoche kamen, um ihre Ernte schützen zu lassen. Die Welt hat »den Glauben verloren«, heißt es? Nein, der »Glaube« hat die Welt verloren.

Das macht einen christlich sozialisierten Menschen sprachlos. Der Gott, an den er sich im Gebet wendet, hat weder Hände noch Augen noch Ohren, und sein Mund ist verschlossen. Ist dann nicht jeder »Gottesdienst« eine hohle Form?

Jedenfalls dann, wenn er sich dieser Problematik nicht stellt. Gewiss hat »Gott« weder Augen, noch Ohren und keinen Mund, der spricht. Er hat auch auf dem Sinai nicht gesprochen. Was ihm da in den Mund gelegt wurde, sind Gesetze, die Menschen als unbedingt geltend ansahen und darum als Willen Gottes verkündeten. Wir können auch die Stimme unseres Gewissens, wenn es um fundamentale Fragen des menschlichen Zusammenlebens geht, als »Stimme Gottes« ansehen. Das kann sogar ein Atheist, wenn er »Gott« als das versteht, was uns unbedingt angeht, aber auf jede gegenständliche Vorstellung verzichtet.

Als »Wille Gottes« ist im Gang der Geschichte nur allzuviel in Anspruch genommen worden. Nicht zuletzt sollten Kreuzzüge und manch andere Kriege der Wille Gottes sein. Die Feinde zu vernichten, galt oft als Wille Gottes.

Letztlich führt eine Formel wie der »Wille Gottes« in die Irre. Sie kann massiv missbraucht werden, wenn sie die in der Aufklärung gewonnenen Werte des Menschseins nicht stets neu befragt. Als »Willen Gottes« können wir bezeichnen, menschenfreundlich miteinander umzugehen: Es geht um die

Grundwerte, auf denen unsere Gesellschaft ein achtungsvolles, friedliches Zusammenleben regelt. Es ist ein säkulares Ethos, keine christliche Sonderzone.

Es scheint so zu sein, dass das Wort »Gott« eine Art Chamäleon ist. Je nachdem, wer es verwendet, bekommt »Gott« eine andere Bedeutung: mal jüdisch streng monotheistisch, mal christlich trinitarisch, mal liebend und barmherzig, dann wieder streng richtend; meistens personal gedacht und jeden einzelnen Menschen wahrnehmend und dann wieder in größter Spannung zu dem, was wir »Weltgeheimnis« nennen können.

Als im Frühsommer des Jahres 1952 Werner Heisenberg in einem Gespräch von Wolfgang Pauli gefragt wurde: »Glaubst du an einen persönlichen Gott?«, antwortete Heisenberg: »Darf ich die Frage anders formulieren? Dann würde sie lauten: Kannst du oder kann man der zentralen Ordnung der Dinge oder des Geschehens, an der ja nicht zu zweifeln ist, so unmittelbar gegenübertreten, mit ihr so unmittelbar in Verbindung treten, wie dies bei der Seele eines anderen Menschen möglich ist? Ich verwende hier ausdrücklich das so schwer deutbare Wort ›Seele‹, um nicht missverstanden zu werden. Wenn du so fragst, würde ich mit Ja antworten.«

Heisenberg umschreibt hier »Gott« als die »zentrale Ordnung der Dinge«, der man aber »unmittelbar gegenübertreten« kann. Hat sein Gesprächspartner, Wolfgang Pauli, diese Deutung angenommen?

Das weiß ich nicht. Offen bleibt auch, was diese »zentrale Ordnung der Dinge« alles umfasst. Ihr unmittelbar entgegentreten zu können, ist schon ein überraschender und kühner Gedanke. Wir sprachen bereits davon, dass die altgriechische Grammatik keinen Vokativ zu theós kennt. Erst im Spätgriechischen, bei jüdischen und christlichen Schriftstellern, taucht der Vokativ auf, wie ihn zu dieser Zeit Kult und Gebet erfordern. Selbst der Nominativ theós als Anrufung ist spät.

Das könntest du gerne etwas deutlicher erklären.

Wir sagten schon: Während der altgriechisch gedachte Gott stets Prädikat ist, ist Gott für Juden immer Subjekt. Für Homer können der Tag und die Nacht »göttlich« und »heilig« genannt werden, auch Erde und Himmel, Länder, Städte, Meer und Flüsse, Getreide, Ölbaum und Wein. Es sind im Allgemeinen nicht außergewöhnliche Ereignisse, nicht Wunder, sondern gerade die natürlichen Vorgänge. Die Macht des Zeus aber wird durch die Grenzen des Menschen selbst beschränkt: durch das, was der Anteil eines jeden Sterblichen am Leben ist.

Eine solch wunderbar poetische Deutung des Göttlichen hebt den Atheismus auf. Dabei ist klar, dass diese göttlichen Gestalten mythisch gedacht sind, aber sie beleben die Welt und geben ihr »göttlichen« Glanz.

Ähnlich könnten wir Einsteins kosmischen Glauben einbeziehen, natürlich nicht mehr mythisch verstanden, aber in einer unbegrenzten Bewunderung der Struktur der Welt, so weit die Wissenschaft sie enthüllen kann. Die Idee eines Wesens, welches in den Gang des Weltgeschehens eingreift, war für Einstein unmöglich. Die »Furcht-Religion« kam für ihn so wenig in Frage wie die »moralische Religion« mit einem Gott, der belohnt und bestraft. Dagegen setzte Einstein die einzig wahre und mögliche Form für den Wissenschaftler, die »kosmische Religiosität«, die »keine Dogmen und keinen Gott kennt, der nach dem Bild des Menschen gedacht wäre«.

Nicht selten greifen heutige Naturwissenschaftler auch auf die Mystik zurück, weil sie darin eine Form des Denkens erkennen, die schon im Mittelalter jede Vergegenständlichung des Göttlichen überwand.

Dabei begegnet die Ablehnung des Bittgebets bereits vor siebenhundert Jahren. Meister Eckhart begründete dies damit, dass zwischen »Gott« und dem homo divinus keine Ungleichheit bestehe. Er meinte, keine menschliche Seele sei ohne Gott, weil Gott und der Seelengrund eins sind. Dazu benutzte er die bereits erwähnte Metapher von der »Geburt Gottes« im Menschen: Wenn aber Gott in uns geboren ist, dann sind wir Gottes Sohn (oder Tochter), und sind es ganz, denn die Gottheit zerlegt sich nicht in Teile. — Mit einer solchen Sicht ist Eckhart jenseits der üblichen Dogmatik.

Aber wer versteht diese Metaphorik noch?

Zumindest ist die Konsequenz seines Denkens jedem modernen Menschen vermittelbar: Es schließt alle Bittgebete aus heutigen Gottesdiensten aus. Die Gebete bestürmen dann nicht mehr einen Allmächtigen, er möge uns erhören — und dies und jenes tun. Bitten und Fürbitten bestehen dann darin, sich mit Menschen und Gemeinschaften zu verbinden, deren Schicksal uns berührt. »Beten für« heißt dann: Leid und Schrei der Welt zum Ausdruck bringen. Wir flehen dann nicht um externe Hilfe, sondern wir »erhören« den Ruf, den wir in uns und in der Welt vernehmen: »Nicht Gott erhört uns — wir erhören Gott.«
Solche Entwicklungen lassen aufmerken und vor allem zwei Gesichtspunkte hervorheben: die fürsorgliche Verbindung mit anderen Menschen und Gemeinschaften sowie die Momente des Schweigens, in denen sich Gedenken ereignet. Manchmal wird dabei der moderne Atheismus »heimgeführt«.

Naturwissenschaft und Naturfrömmigkeit

Was immer Natur genannt wird, versteht sich nicht aus sich selbst. Jede Zeit sieht mit anderen Augen, und auch die Betrachtung der Natur nimmt weder die Natur oder gleichzeitig die Landschaft als Landschaft wahr. Wir sehen in Natur und Landschaft im Allgemeinen nur das, was wir zu sehen gelernt haben, und wir sehen es so, wie der Zeitstil es formt.

Kupferstiche der Romantik aus dem Rheintal unterscheiden sich bei immer noch gleichen Bergen, Höhenzügen und Bauwerken deutlich von fotografischen Ansichten desselben Ausschnitts in der Gegenwart. Es sind Wahrnehmungen der Romantik. Wenn das schon so unterschiedlich bei gegenständlichen Ansichten sein kann, um wieviel mehr differieren Vorstellungen von Gott und Mensch?

Paul Cézanne zweifelte daran, ob Landleute überhaupt wissen, was eine Landschaft ist, »… aber dass Bäume grün sind, dass dieses Grün ein Baum ist, dass diese Erde rot ist und dass dieses rote Geröll Hügel sind, ich glaube wirklich, dass die meisten es nicht fühlen, dass sie es nicht wissen außerhalb ihres unbewussten Gefühls für das Nützliche.«

Solange Berge nur symbolisch dargestellt wurden, bildeten sie keine Landschaft. Als Reinhold Messner 1978 vor seinem Abflug zum Alleingang auf den Nanga-Parbat von Journalisten befragt wurde, sagte er, die Einheimischen dort könnten diese Bergbesteigung nicht verstehen. »Ein Asiate — ein Hindu oder Buddhist — würde nie auf die Idee kommen, auf einen so hohen Berg hinaufzuklettern. Er sucht die Vergeistigung; er kann so und so da oben sein ...« Ein heiliger Berg wie der Kailash im Transhimalaya ist für Hindus und Buddhisten das Zentrum der Welt.

»Kein Ort ist wundervoller als dieser«, hat der Yogi Milarepa (1052–1135) gesagt, der der Überlieferung nach als der einzige Besteiger des Berges gilt, an dessen Fuß er lange Zeit in völliger Abgeschiedenheit lebte. Die erste Genehmigung zur Besteigung wurde zwar 1985 Reinhold Messner erteilt, der jedoch aus Achtung gegenüber Buddhisten, Hindus, Jainas und Anhängern des Bön darauf verzichtete. Durch seine besondere Form und Lage, wird der Kailash als der mythische Berg Meru verstanden, der die Mitte oder Achse der Welt ist. Man kann ihn umrunden auf einem 53 Kilometer langen Weg, doch letztlich ist der Kailash ein spiritueller Ort, den geologische Daten nicht bestimmen. Für den Pilger tritt sein individuelles Bewusstsein plötzlich zurück, »um einem allumfassenden, kosmischen Bewusstsein Platz zu machen«, wie Anagarika Govinda erklärt. Um diesen Berg darzustellen, bedarf es keiner Fotos und Bilder, vielmehr wird er als Mandala erlebt, das als Symbol von Peripherie und Mitte nicht äußerlich gesehen, sondern meditativ erfahren werden will.

Auch in der Ikonenmalerei erscheinen Berge ohne jeden Realismus; niemals einem Foto vergleichbar, sondern nur als abstraktes Schema. Man will oder kann gar nicht einen wirklichen Berg darstellen.

An dieser gleichen archetypischen Symbolik haben Anteil der griechische Olymp als der Berg der Götter, der indische Weltenberg Sumeru im Mittelpunkt des Universums, der Garizim in Palästina, aber auch die altbabylonischen Zikkurate oder der Borobudur-Stupa auf Java als künstliche Tempelberge. Zu nennen sind auch die biblischen Berge wie der Sinai, Horeb, Ararat, Tabor, Karmel, Golgatha und Zion. Alle diese Urbilder des Berges bleiben von einer sportlichen oder touristischen Perspektive unberührt. Wenn von Zarathustra überliefert wird, dass für ihn der Berg niemals nur der äußere Berg, sondern ein inneres Bild des erhöhten Bewusstseins gewesen ist, dann darf dieses symbolische Verständnis in vielen Religionen und Kulturen ebenso gesucht werden. Insofern sind die äußere Gestalt und Höhe eines Berges auch nicht die wichtigste

Vorgabe. Zugleich verbinden sich mit vielen majestätischen Berggipfeln Tabuvorstellungen. Sie sind Orte, die weder erobert noch erzwungen werden können. Als Erster auf einem Gipfel zu stehen, ist solcher Grundeinstellung fremd.
Insgesamt haben die alte Welt und das Mittelalter die Landschaft nicht ästhetisch erlebt. Bereits im Gilgamesch-Epos, dem ersten Großepos der Welt, reisen Gilgamesch und Enkidu in den Zedernwald, wo Gilgamesch sein Herrschaftsrecht beansprucht und den Hüter des Waldes Humbaba erschlägt, um aus den Bäumen »schöne Gebäude und Städte« zu errichten.

Schon da wird die Natur dem menschlichem Verlangen unterworfen.

Das klassische Griechenland hat hingegen Haine verehrt, die Artemis und Apollo heilig waren, und Arkadien stellte man sich in Hellas wie in Rom als das Reich des Pan vor, wo in einer bukolischen Natur zufriedene und glückliche Hirten lebten. Ein Beispiel dafür ist die Erzählung von *Daphnis und Chloe*, Findelkindern, die von zwei Hirtenfamilien aufgenommen werden und in der Berglandschaft von Lesbos aufwachsen: Da sind »wildnährende Berge, fruchttragende Ebenen, Hügel mit Reben, Weiden mit Herden bedeckt, und die Meerflut spült an den weichen Sand der langgestreckten Küsten«.

Es ist ein keuscher Liebesroman, in dem Mensch und Natur übereinstimmen. Als Autor wird ein sonst unbekannter *Longos* genannt. Er schrieb eines der schönsten Zeugnisse antiker Literatur, das unzählige weitere Bearbeitungen in der Kunst, der Musik und Literatur gefunden hat.[10]

Es ist wirklich ein naturfrommes Buch, das die erwachende Sexualität einbezieht. Man kann es heute noch jungen Leuten schenken, die jenseits aller Banalität ein ebenso fröhliches wie ehrfürchtiges Denken finden.

Während jedoch griechische Autoren ein bewaldetes idyllisches Arkadien beschreiben, waren die Germanen des Tacitus barbarisch, nah der rohen Natur. »Bruchsteine oder Ziegel sind bei ihnen nicht in Gebrauch; zu allem verwenden sie unbehauenes Bauholz mit seinem unschönen, reizlosen Aussehen. Unglücklich kommen sie dir vor? Nichts ist unglücklich, was die Gewohnheit zur Natur gemacht hat; mit der Zeit nämlich wird ihnen ein Vergnügen, was sie unter Zwang begonnen haben ... Das, was dir als Elend erscheint, ist so vieler Völker Leben.« Auch das Christentum hat im ersten Jahrtausend der Natur keine Aufmerksamkeit entgegengebracht. Die Naturlehre, Logik und Wissenschaftstheorie des Aristoteles wurde erst im 12. Jahrhundert über islamische Gelehrte in Cordoba vermittelt. Und obwohl es für heutige Ohren seltsam klingt, so gab es auch nicht immer »Landschaft«, insofern sie vor dem Ende des Mittelalters nicht ins Bewusstsein drang — jedenfalls nicht als eine ästhetische Wahrnehmung. Im Althochdeutschen begegnet das Wort Landschaft nur in der Bedeutung von *territorium*, »Landstrich«, oder *regio*, »Gegend«.

Selbst auf der Höhe des Mittelalters fehlt es noch an Sprache für landschaftliche Erfahrungen. Gewiss sind da die Jahreszeiten, der Frühling und die Blumen, die Heide und der Wald, aber eher beiläufig, ohne dass sich die Wahrnehmung landschaftlichen Gegebenheiten selbst zuwendete. Man bewohnte hochgelegene, weit ins Land schauende Burgen, doch lassen die Gesänge, die hier erklangen, nichts von einer geschauten Schönheit erkennen, gerade so, als hätte es keine imponierenden Fernsichten über Höhen und Täler gegeben. Auch hat keiner der Weitgereisten, die als Kreuzfahrer nach Hause zurückkehrten, sich als Kenner unterschiedlichster und beeindruckender Landschaften vorgestellt. Die erzählende Poesie ließ sich auf Trachten, Waffen und Farbenspiel mit großer Detailfreude ein, bewunderte alles Glänzende und Bewegte, aber der Blick auf die Landschaft blieb stumpf.

Dennoch regte sich in der Frühzeit der deutschen Literatur eine erste Sensibilität für örtliche Stimmung. Walther von der Vogelweide beschreibt einen solchen *locus amoenus (»schönen Ort«):*

Under der linden,	Unter der Linde,
an der heide,	an der Heide,
dâ unser zweier bette was,	wo unser beider Bett war,
dâ muget ir vinden	da könnt ihr schön
schône beide	gebrochen finden
gebrochen bluomen	Blumen
unde gras.	und Gras.
Vor dem walde	Vor dem Wald
in einem tal,	in einem Tal,
tandaradei,	tandaradei,
schône sanc	lieblich sang
diu nahtegal […]	die Nachtigal.
Daz er bî mir læge,	Dass er bei mir lag,
wessez iemen	wüsste das jemand
(nû enwelle got!),	(das wolle Gott nicht!),
sô schamt ich mich	würd' ich mich schämen.
Wes er mit mir pflæge,	Was er mit mir tat,
niemer niemen,	das soll nie jemand
bevinde daz,	erfahren,
wan er und ich,	außer er und ich
und ein kleinez vogellîn	und ein kleines Vögelein,
tandaradei,	tandaradei,
daz mac wol	das kann wohl
getriuwe sîn	verschwiegen sein.

Man kann sagen, dass hier der kleine Roman von Longos seine lyrische Fortsetzung findet.

Anders ist der Sonnengesang des Franz von Assisi, ein Text tiefer Naturfrömmigkeit: Franz dichtete sein *Cantico delle Creature* an seinem Lebensende, vermutlich Ende 1224 oder Anfang 1225, als er schwerkrank in San Damiano bei Assisi in einer Hütte lag. Die Strophe über »Schwester Tod« verfasste er zuletzt, als er selbst dem Tode nahe war. Das Lied fordert heraus zu geschwisterlicher Verbundenheit mit dem Kosmos, dem Geschehen in der Natur und selbst zur Annahme von Krankheit und Sterben. Nichts wird ausgenommen vom Lobpreis Gottes in all seinen Geschöpfen.

Gelobt seist du, mein Herr,
mit allen deinen Geschöpfen,
zumal dem Herrn Bruder Sonne,
welcher der Tag ist und durch den du uns leuchtest.
Und schön ist er und strahlend mit großem Glanz:
Von dir, Höchster, ein Sinnbild.

Gelobt seist du, mein Herr,
durch Schwester Mond und die Sterne;
am Himmel hast du sie gebildet,
klar und kostbar und schön.

Gelobt seist du, mein Herr,
durch Bruder Wind und durch Luft und Wolken
und heiteres und jegliches Wetter,
durch das du deinen Geschöpfen Unterhalt gibst.

Gelobt seist du, mein Herr,
durch Schwester Wasser,
gar nützlich ist es und demütig
und kostbar und keusch.
Gelobt seist du, mein Herr,
durch Bruder Feuer,

durch das du die Nacht erleuchtest;
und schön ist es und fröhlich und kraftvoll und stark.

Gelobt seist du, mein Herr,
durch unsere Schwester, Mutter Erde,
die uns erhält und lenkt
und vielfältige Früchte hervorbringt
und bunte Blumen und Kräuter [...]

Gelobt seist du, mein Herr,
durch unsere Schwester, den leiblichen Tod;
ihm kann kein Mensch lebend entrinnen.
Wehe jenen, die in tödlicher Sünde sterben.
Selig jene, die er findet in deinem heiligsten Willen,
denn der zweite Tod wird ihnen kein Leid antun.

Was kann denn ein »ungläubiger« Mensch mit einer solchen Frömmigkeit anfangen?

Der Sonnengesang ist zunächst einmal ein kostbares kulturelles Zeugnis, das früheste in italienischer Sprache. Die Einstellung zur Welt, die er ausspricht, kann jeden Menschen anrühren. Sie kann ihm auch Herausforderung sein, das eigene Verhältnis zur Welt, zu Tag und Nacht, zu Leben und Tod zu bedenken. Darüber hinaus bleibt hinreichender Raum, das Wort »Gott« mit der Fülle dessen, was Himmel und Erde bestimmt, ohne traditionelle Dogmatik auszulegen.

Diesem Sonnengesang wird oft der Sonnengesang des ägyptischen Königs Echnaton gegenübergestellt, der rund zweieinhalbtausend Jahre früher datiert. Im Zentrum steht die Schöpferkraft des Aton, der die gesamte Welt erschafft, mit Pflanzen, Tieren, Menschen, allem Leben. Die Bilder anderer Götter werden durch Szenen aus der realen Natur ersetzt und drücken eine ungewohnte Naturverbundenheit aus:

> Alles Vieh ist zufrieden mit seinem Kraut, Bäume und Kräuter grünen. Die Vögel sind aus ihren Nestern aufgeflogen, ihre Schwingen preisen deinen Ka. Alles Wild hüpft auf den Füßen, alles was fliegt und flattert, lebt, wenn du für sie aufgegangen bist.

In dieser Theologie sind Sonnengott und König unmittelbar aufeinander bezogen, wobei die einzigartige Position des Sonnengottes am Himmel ihre Entsprechung in der exklusiven Position des Königs auf Erden findet. Da lassen sich keine Entsprechungen zu Franz von Assisi aufzeigen. König Echnaton ist alleiniger Mittler zwischen Gott und den Menschen. Ausschließlich ihm offenbart sich die Gottheit.

Einige Ägyptologen verstehen dieses Konzept darum auch nicht positiv. Aton scheine keinerlei Mitgefühl mit seinen Geschöpfen zu haben. Zwar gebe er ihnen das Leben und sorge für ihren Unterhalt, doch ziemlich interesselos. Keine Zeile sage, dass er die Klage der Armen höre, den Kranken helfe oder sündigen Menschen vergebe:

> Schön bist du, groß und strahlend, hoch über allem Land. Deine Strahlen umfassen die Länder bis ans Ende von allem, was du geschaffen hast.
>
> Du bist Re, wenn du ihre Grenzen erreichst und sie niederbeugst für deinen geliebten Sohn.
>
> Fern bist du, doch deine Strahlen sind auf Erden; du bist in ihrem Angesicht, doch unerforschlich ist dein Lauf. Gehst du unter im Westhorizont, so ist die Welt in Finsternis, in der Verfassung des Todes.
>
> Die Schläfer sind in der Kammer, verhüllten Hauptes, kein Auge sieht das andere. Raubt man alle ihre Habe, die unter ihren Köpfen ist — sie merken es nicht. Jedes Raubtier ist aus seiner Höhle gekommen, und alle Schlangen beißen. Die Finsternis ist ein Grab, die Erde liegt erstarrt, ist doch ihr Schöpfer untergegangen in seinem Horizont.
>
> Am Morgen aber bist du aufgegangen im Horizont und leuchtest als Sonne am Tage; du vertreibst die Finsternis und schenkst deine Strahlen …

Während der Sonnengesang des Franz von Assisi Geborgenheit für Mensch und Tier bis in den Tod atmet, bleibt der Sonnengesang des Echnaton auf den König bezogen. Dennoch verbinden sich Gott und die Welt in einer wechselseitigen Beziehung. Es gibt keinen Tempel, keinen Altar und nur einen exklusiven Kult für Echnaton alleine.

Bei Franz von Assisi fehlt jede Exklusivität. Er lebte eine tiefe Alltagsfrömmigkeit. Wir brauchen nur eine einzige der von ihm erzählten Legenden zu betrachten:

> Der heilige Franz und sein Bruder Masseo trafen sich vor der Stadt zum Essen, wo eine schöne Quelle sprang, und daneben war ein breiter, schöner Stein, der ihnen sehr gefiel. Auf den legten sie ihr Brot, das sie geschenkt bekommen hatten.
>
> »O Bruder Masseo«, sagte der heilige Franz, »wir sind eines so großen Schatzes gar nicht wert«, und diese Worte wiederholte er mehrere Male. Da erwiderte Bruder Masseo: »Wie kann man da von einem Schatz reden, wo so viel Armut ist und es an den nötigsten Dingen fehlt? Hier ist kein Tischtuch, kein Messer, kein Fleischbrett, keine Schüssel, keine Hütte, kein Tisch, kein Diener, keine Magd.«
>
> Da sprach Franz: »Das gerade ist es, was ich für einen großen Schatz halte: Was hier ist, ist durch Gottes Güte bereitet, wie zu sehen ist am Brot, das uns geschenkt wurde, am Steintisch, der so herrlich ist, an der Quelle, die so klar sprudelt. Und darum will ich, dass wir dies alles lieb gewinnen von ganzem Herzen.«[11]

Dass Gottes Güte diesen Tisch bereitet, ist das eine; das andere aber die Wahrnehmung des Brotes, der Quelle, die so klar sprudelt, des schönen breiten Steintisches, auf den sie ihr Brot legen. Hier werden die gewöhnlichen Dinge in eine Bewusstheit gehoben, die man schlicht »fromm« nennen kann. Es ist dies eine Haltung, die sich keiner religiösen Institution schuldet, sondern die ihre »eigene Provinz allein im Gemüte« hat, wie es sechshundert Jahre später Schleiermacher ausdrücken wird.

Mit diesem Ansatz aber werden Möglichkeiten eröffnet, antike Naturfrömmigkeit und romantisches Naturgefühl in den Diskurs über Religion einzuführen. Religion überschreitet dabei jede Form institutioneller Festlegung und jeder Art von Glaubenssystemen. Sie wird Wahrnehmung der Natur im weitesten Sinne des Begriffs. In der Natur begegnet dem Menschen das »Unendliche im Endlichem«, und er versucht es auf verschiedene Weise mythisch wie ästhetisch im eigenen Gemüt, in Literatur und Bildender Kunst, auch in Musik und Tanz zu fassen.

So gewinnen schließlich auch die Gedichte der deutschen Romantiker eine ganz neue Wärme und Innigkeit. Nehmen wir Joseph von Eichendorff. Thomas Mann hat dessen Gedicht *Mondnacht* »die Perle der Perlen« genannt; Theodor W. Adorno erschien es, »als wäre es mit dem Bogenstrich gespielt». Die Lyrikerin Ulla Hahn meinte: »Innere und äußere Landschaft verschmelzen miteinander«, und Wolfgang Frühwald sprach von der »orphischen Melodie der Nacht«:

Es war, als hätt' der Himmel
Die Erde still geküsst,
Dass sie im Blütenschimmer
Von ihm nun träumen müsst'.

Die Luft ging durch die Felder,
Die Ähren wogten sacht,
Es rauschten leis die Wälder,
So sternklar war die Nacht.

Und meine Seele spannte
Weit ihre Flügel aus,
Flog durch die stillen Lande,
Als flöge sie nach Haus.

Bereits hier deutet sich ein Überschritt von frommer Naturmystik in eine kosmische Religiosität an. Mochten Uhland, Herweg oder Freiligrath mit ihren Gedichten mehr den Aktualitäten des Tags entsprochen haben, den Weg in die Zukunft erschloss die Lyrik Mörikes:

Frühling lässt sein blaues Band
wieder flattern durch die Lüfte;
süße, wohlbekannte Düfte
streifen ahnungsvoll das Land.
Veilchen träumen schon,
wollen balde kommen.
Horch, von fern ein leiser Harfenton!
Frühling, ja du bist`s!
Dich hab ich vernommen!

Die Sprache des Gedichts ist einfach, der Ton volkstümlich. Alle Sätze sind Hauptsätze. Sie reihen sich schlicht aneinander. Dennoch lässt sich eine Steigerung der Gefühle und der inneren Erregung bis zum Ende der Strophe hin feststellen. »Lesen Sie das Gedicht«, empfiehlt Ulla Hahn, »nicht zu laut, so vor sich hin und sie werden es durch die Zeilen flattern hören, das ›blaue Band‹.«

Anders die Hymnen der amerikanischen Naturmystiker, allen voran Walt Whitman und Henry David Thoreau. Erstaunlich, sagt Werner Müller — seinerzeit in Tübingen Indianer-Müller genannt —, dass deren Leben in eine Zeit fällt, da die Kastanienwälder Neuenglands längst ihren letzten Schlaf als Schwellen unter den Eisenbahnschienen schliefen.

Ich glaube, dass ein Grashalm nicht
geringer ist als ein Tageslauf der Gestirne;
Und die Ameise ist ebenso vollkommen,
ein Sandkorn und des Zaunkönigs Ei.
Und die Baumkröte ist ein
Meisterstück des Allerhöchsten;
Und die Brombeerranken könnten
die Hallen des Himmels schmücken;
Und das schmalste Gelenk meiner Hand
verspottet jede Maschinenwerk;
Und die mit gesenktem Haupt kauende Kuh
übertrifft jedes Bildwerk;
Und eine Maus ist Wunders genug,
um Sextillionen von Ungläubigen
wankend zu machen.

Ich finde, mein Körper enthält Gneis,
Kohlen, langfasriges Moos, Früchte,
Ähren, essbare Wurzeln.
Und ich bin über und über mit einer
Stukkatur von Vierfüßlern und Vögeln bedeckt;
Und ich habe aus guten Gründen
zurückgelassen, was hinter mir liegt,
Kann aber jegliches, wenn ich es wünsche,
wieder zurückrufen.[12]

Da die Begegnung der indianischen Völker mit dem weißen Mann tödlich verlief, enthielt sie zugleich die Ahnung, dass die weiße Zivilisation auch die Natur missachte und töte. Die Vergiftung der Ackerkrume, des Wassers, des Waldes, der atembaren Luft, zahlloser Insekten, die Ausrottung großer und kleiner Tierarten … alles wurde unter den Vorwänden von »wirtschaftlicher Entwicklung« und »Nutzen« betrieben, während dahinter letztlich doch ein Programm zur Vernichtung von Leben steht.

Dass in diesen Texten mehr Frömmigkeit begegnet als in Gebetbüchern, lässt sich mit einem abgewandelten Vers von Erich Kästner erklären: »Misstraut gelegentlich euren Gebetbüchern! / Sie sind nicht auf dem Berge Sinai entstanden, / meistens nicht einmal auf verständige Art / und Weise, sondern aus alten Gebetbüchern, / die aus alten Gebetbüchern entstanden sind, / die aus alten Gebetbücher entstanden sind, / die aus alten Gebetbüchern entstanden sind ...« Sie setzen nur eine tote Dogmatik um, während Lyrik davon lebt, dass Erfahrung und Sprache einander entsprechen. Das säkulare Leben, wie es sich der Natur, der Landschaft, der Tierwelt zuwendet, schärft den Sinn für das, was aktuell geschieht. Also richtet sich nun die Aufmerksamkeit auf das Leben und die Zukunft des Lebens. Das heißt zugleich auf unser aller Überleben; das nicht mehr selbstverständlich ist.

Auf der Stufe der Jäger und Sammler haben die Menschen noch in umherstreifenden Horden zusammengelebt. Sie ernährten sich von Beeren und Früchten, zugleich von kleinen Tieren, die sie fangen oder jagen konnten. Es war ein Leben von der Hand in den Mund, beschränkt auf das, was die Natur gerade bot. Das zwang sie zur Wanderschaft, je nach Jahreszeit und Klima, von hier nach da, von da nach hier. Diese Lebensweise war unsicher, aber stand im Einklang mit der Natur.

Im aufkommenden magischen Bewusstsein versuchte der Mensch, unabhängig von der Natur zu werden, sie zu bannen und zu beschwören. Damit begann zugleich der bis heute endlose Kampf um die Macht: Der Mensch wurde zum »Macher«. Das zeigte sich zunächst im Verhältnis zum Tier: Er unterstellt das Tier seiner Macht, indem er es zeichnet oder malt. Die ersten Niederschläge dieses Strebens finden sich in den Höhlen der großen Jäger. Ihre Zeit datiert zwischen 35.000 und 10.000 Jahren vor uns.

In den Höhlenmalereien des Paläolithikums ist die Aufmerksamkeit des Menschen völlig auf das Erfassen der Jagdtiere und ihrer charakteristischen Bewegungen gerichtet.

Gegenüber den genial gezeichneten tierischen Gattungsmerkmalen erscheint das Bild des Menschen aber nur selten und dann unbeholfen, wie kindliche Strichfiguren. Der Mensch ist noch kein Thema — und erst recht kein Gott in Menschengestalt.
Als sich im Neolithikum Clans und Stammesgesellschaften auflösten, die Kulturwelt des Menschen größer und komplexer wurde und dann, wie in Ägypten, eine frühe Staatenbildung erfolgte, überrascht es nicht, dass die tiergestaltigen Numina anthropomorphen Vorstellungen wichen, diese aber die alten Tierköpfe behielten.

Für heutige Menschen sind die Bilderhöhlen der vorgeschichtlichen Menschheit früheste Orte geistiger Sammlung, die sich mit den Wünschen und Ängsten jener Menschen verbinden. Sie bewahren bis zum Tag eine unverkennbare sakrale Wirkung, obwohl dieses Erbe aus 40.000 Jahren dem Bewusstsein der Menschen fast unbekannt blieb. In ihnen spiegelt sich die Seelenwelt einer dem Ursprung nahen Zeit wider, eine

Geschichte ihrer Glaubens- und Denkweisen, deren Erforschung erst in den Anfängen steckt.

Das änderte sich, als die Menschen lernten, bessere Waffen herzustellen und sich mit der Großwildjagd reichhaltigere Nahrungsquellen zu sichern. Innerhalb weniger tausend Jahre rotteten die Jäger in Europa und Amerika bereits Großtiere wie Mammuts, Auerochsen und Riesenfaultiere aus. Deren Vernichtung fand zu unterschiedlichen Zeiten statt, je nachdem wie sich die Besiedlung der Kontinente entwickelte. Damit hatte der erste Angriff des Menschen auf die Biosphäre begonnen.

Du greifst mit dieser Schilderung bis in die Steinzeit zurück. Das ist die Zeit, in der nur kleine Gruppen zusammenleben konnten — und schreibst diesen Menschen bereits die Ausrottung von großen Tieren zu?

Vergangene Generationen haben ein Zerrbild des frühen Menschen entworfen: Seine intellektuellen Fähigkeiten seien nur gering gewesen. Er habe durchweg falsche Schlüsse über Ursache und Wirkung gezogen. Seine rituellen Praktiken — zauberische Mittel — würden das geringe geistige Niveau offenbaren, das an heutigen Primitiven immer noch studiert werden könne.
Diesem Bild widersprechen heutige Anthropologen. Sie sehen die Unterschiede zwischen unseren und den Fähigkeiten des frühen Homo sapiens lediglich

durch die jeweilige kulturhistorische Situation bedingt. Darum kann auch ein Kind, das in einer steinzeitlichen Kultur geboren wird, beim Wechsel in die moderne Welt Jahrtausende menschlicher Entwicklung überspringen.

In den archaischen Anfängen über vielleicht 150.000 Jahre hin gab es kaum Veränderung. Dennoch ist das Begabungspotenzial des Homo sapiens nicht in Zweifel zu ziehen. Um mit Erfolg Großwild zu jagen, ist Koordination untereinander, also auch Sprachvermögen wichtig, und Feuer zu erzeugen und zu unterhalten erfordert eine Abfolge ziemlich komplizierter Handlungen. Die Historiker an ihren Schreibtischen können sich nicht vorstellen, wie viel Kenntnisse, Geschick und überlegtes Handeln dazu gehörten, um in der Dürre, der Kälte oder in der Steppe zu überleben.

Das Gehirn des Homo sapiens hat sich seit seinem Auftreten nicht wesentlich verändert. Das heißt, der Mensch der Frühzeit war bereits für heutige Denkleistungen ausgestattet. Er änderte sich auf seinem Weg durch die Geschichte nicht biologisch, wohl aber durchschritt er in seiner Bewusstwerdung mehrere Stadien: vom archaischen Anfang über das magische Bewusstsein zum mythischen und schließlich zum rationalen Bewusstsein, dessen Krisis die heutige Situation der Menschheit kennzeichnet.

Im Neolithikum fanden einige Gruppen im Nahen Osten heraus, dass es sich einfacher leben lässt, wenn man nicht mehr als unsteter Nomade lebt, sondern an einem Ort bleibt und Pflanzen anbauen lernt, von denen man sich ernähren kann. Die Menschen bauten sich Behausungen, konnten mehr Nachwuchs großziehen und ihre Versorgung immer besser planen.

Damit begann ein Prozess, der anfangs nur sehr langsam fortschritt. Über ein paar Jahrtausende hin drängten die Felder mit Weizen und Gerste — zunächst unmerklich — den Wald zurück, und die Rinder-, Ziegen-, Schaf- und Schweineherden, die gezüchtet wurden, führten zu Pflanzen- und Tierarten, die durch natürliche Selektion nie entstanden wären. Riesige Waldgebiete machten landwirtschaftlichen Flächen Platz.

Dennoch scheint es, dass die indianischen Völker Nordamerikas ein anderes Naturbewusstsein bewahrten als die Völker Europas?

Ich weiß nicht, wie sich das im Lauf von Jahrtausenden regional verändert hat. Aus den letzten Jahrhunderten sind beachtliche Zeugnisse indianischer Naturfrömmigkeit belegt. Dazu gehören Verse, mit denen Sioux-Indianer die Geburt eines Kindes dem Kosmos ankündigten, denn die »Welt« sollte erfahren, dass neues Leben geboren wurde und seinen Ort im Kreis der lebendigen Wesen erbittet:

Ho! Sonne, Mond und Sterne, ihr alle,
die ihr am Himmel wandert,
Ich bitte euch, hört auf mich!
In eure Mitte ist ein neues Leben gekommen.
Stimmt zu, ich flehe euch an! [...]
Ho! Ihr Winde, Wolken, Regen, Nebel,
die ihr alle in den Lüften wandert,
Ich bitte euch, hört auf mich!
In eure Mitte ist ein neues Leben gekommen.
Stimmt zu, ich flehe euch an! [...]
Ho! Ihr Vögel groß und klein,
die ihre fliegt in der Luft,
Ho! Ihr Vierfüßler groß und klein,
die ihr wohnt im Wald,
Ho! Du kleines Gewürm,
das da kriecht im Grase und gräbt im Grund,
Ich bitte euch, hört auf mich!
In eure Mitte ist ein neues Leben gekommen.
Stimmt zu, ich flehe euch an! [...]

Mit seiner Geburt gilt hier das Kind als Bruder oder Schwester von Sonne, Mond, Sternen, Winden, Wolken, Regen, Nebeln, Hügeln, Tälern, Flüssen, Seen, Bäumen, Gräsern, Vögeln, den Familien alles Laufenden, Kriechenden, Fliegenden, Atmenden und Wirkenden. Fredrik Hetman notierte als Summe seiner Erfahrungen im Navaho-Land:

Noch heute glauben die Indianer hier,
Dass alles um sie herum
Brüderlich zusammenhängt,

Ob Stein, ob Blatt, ob Tier.
Und ferner meinen sie,
Dass Geist von allen Menschen,
Die mit uns gewacht,
Stets bei uns ist
An jedem Tag, in jeder Nacht.[13]

Als dann die heimische Pflanzen- und Tierwelt unaufhaltsam dahin schwand, war dies für den indianischen Geist Anlass zu tiefster Trauer, denn er konnte seinen eigenen Kult nur vollziehen, wenn die Welt im Gleichgewicht mit allem Leben war. Dass die weißen Menschen herkamen und sich der Natur bedienten allein unter dem Aspekt ihrer Nützlichkeit für den Menschen, empfanden sie als ungeheuerlich:

»Nun ist das Gesicht des Landes verwandelt und voller Trauer. Die lebenden Wesen sind dahin.
Ich sehe das Land verwüstet, und mich drückt unsäglicher Kummer.
Manchmal wache ich nachts auf, und dann meine ich ersticken zu müssen unter dem Druck dieses fürchterlichen Gefühls der Einsamkeit.«[14]

Im Rückblick auf den amerikanischen Massenmord an den Tieren, zumal am *Bison americanus*, zittert auch der Tierschützer William Temple Hornaday immer noch vor Empörung:

> »Gerne hätte ich die Geschichte ungeschrieben gelassen. Sie ist eine Schande für das amerikanische Volk, für die territoriale Verwaltung, die Einzelstaaten und die Administration in Washington. Spätere Geschlechter werden uns für Wilde und Raubtiere halten, ebenso grausam wie habgierig … Die Männer, die unsere Büffel wegen ihrer Zungen schossen oder zum Sport vom Eisenbahnwagen aus, waren Mörder. Der zivilisierte Mensch fällt augenblicklich in seinen früheren Status zurück, sobald man ihn mit den Tieren der freien Wildbahn allein lässt. Drücke ihm eine Flinte in die Hand oder irgendein Mordinstrument und versichere ihm, dass ihm selbst nichts geschieht, und siehe da! Er verwandelt sich sofort in einen Wilden: mit rasender Lust am Blutvergießen, Niedermetzeln und Totschlagen; nicht so sehr des Gewinnes wegen, als vielmehr aus Freude am Mord.«[15]

Wobei es keine Frage ist, dass sich nicht der »Wilde« so räuberisch verhielt, vielmehr der »zivilisierte« Mensch, so oft er die Möglichkeit hatte und hat, seine vermeintliche Zivilisierung für eine Weile abzustreifen.

Vor vielen Jahren hat Eugen Drewermann ein provokantes Buch geschrieben: »Der tödliche Fortschritt. Von der Zerstörung der Erde im Erbe des Christentums«. Aus einer anderen Richtung steuerte der Biologe Joachim Illies die Beobachtung bei, dass nach Aristoteles' Auftakt einer systematischen Tierbeobachtung diese Zoologie nicht lange durchhielt: Sie verfiel nach ihrem ersten Höhepunkt bald in einen mehr als tausendjährigen Schlaf, aus dem erst die Renaissance sie wieder erweckte. Die Natur trat immer mehr in den Hintergrund des Interesses. Die zoologische Beobachtung wurde ungenau, geradezu flüchtig, aber der Mensch wurde ein immer wichtigeres Thema der Wissenschaft. Nicht was eine Schlange, ein Vogel, ein Insekt »für sich« sind oder worin sie sich voneinander unterscheiden, war wichtig, sondern allein, was sie für uns und im Zusammenhang mit uns bedeuten.

Das berührt unser Thema einer säkularen Frömmigkeit zentral. Dieses Nicht-Verhältnis zur Natur lässt sich an dem in Antike und Mittelalter weit verbreitetem frühchristlichem Volksbuch »Physiologus« ablesen, einer Naturlehre in griechischer Sprache.[16] Darin werden Pflanzen und Tiere beschrieben und allegorisch auf das christliche »Heilsgeschehen« hin gedeutet. Das Werk leitet seine Angaben über Art und Verhalten eines Tieres mit dem Satz ein: »Der Naturforscher *(ho physiologos)* hat gesagt …«. Aussagen, die auf Beobachtungen beruhen, und seien es auch nur Beobachtungen nach Augenschein, begegnen dort nicht, vielmehr dienen die Tiere als allegorisch gedeutete Projektionsträger menschlicher Verhaltensweisen. Über den Frosch heißt es:

> Es gibt einen Landfrosch und einen Wasserfrosch. Der Physiologus sprach vom Landfrosch, dass er den Brand der Sonne und ihre flammende Glut erträgt. Aber wenn ein heftiger Regen ihn trifft, dann stirbt er. Der Wasserfrosch dagegen, wenn er aus dem Wasser kommt und die Sonne ihn fasst, taucht er wieder ins Wasser ein. Gleich sind die wackeren Glieder der Gemeinde dem Landfrosch; denn sie ertragen den Brand der Versuchungen, wenn sie jedoch der heftige Regen erfasst, nämlich die Verfolgung um der Gerechtigkeit willen, dann sterben sie. Die Weltkinder aber sind die Wasserfrösche; denn wenn nur ein bisschen von der Wärme der Versuchung und Begierde sie packt, dann halten sie dieser nicht stand, sondern tauchen wieder hinein in die Geilheit der Sonnenwollust. Wohlgesprochen hat der Physiologus über den Frosch.

Tierkunde wird in diesem Jahrtausend zu einer Projektion der dämonischen, »tierhaften« Seelenteile des Menschen. Es entwickelte sich eine kuriose Zoologie, in der es kaum noch um Tiere zugänglicher Erfahrung ging, sondern um sensationelle Merkwürdigkeiten: um Monster jeder Art, Sirenen, Missgeburten und Abarten wie Einäugige, Mundlose, Einbeinige und sogar Kopflose, die es alle in irgendwelchen fernen Ländern, Wüsten und Wäldern geben soll. Aber auch in den heimischen Wäldern glaubte man Fabeltiere wie Lindwurm, Einhorn und den geheimnisvollen Onocentaurus zu finden. Allesamt sind es Wesen, die unter symbolischem und tiefenpsychologischem Aspekt von faszinierendem Interesse sein könnten, jedoch haben sie mit der realen Tierwelt fast nichts gemein.

Danach hat René Descartes die ungeheuerliche Automatentheorie vertreten, die alle Tiere für Maschinen erklärt — 400 Jahre bevor Ruth Harrison ihr alarmierendes Buch Tiermaschinen *über »die neuen landwirtschaftlichen Fabrikbetriebe« schrieb (1965). Sollte es Maschinen geben, welche die Organe und Gestalt eines Tieres besäßen, so wären diese Tiere in nichts von Maschinen zu unterscheiden. Descartes sprach den Tieren zugleich jede Art von Seele ab, damit schwache Gemüter nicht in die Versuchung gerieten, die menschliche und die tierische Seele zu verwechseln oder gar zu folgern, es bleibe über den Tod hinaus für Menschen nicht mehr zu hoffen als für Ameisen und Fliegen.*

Der Philosoph Johann Gottlieb Fichte hat in seiner Naturrechtslehre von 1796 sogar betont, der Mensch habe gegenüber Tieren alle Rechte, die sich allein durch Nutzen und Gebrauch der Tiere unterscheiden. Vernunftlose Tiere seien »nur Eigentum« und hätten keine eigenen Rechte.
Welche brutalen Konsequenzen in Fichtes Theorien liegen, demonstriert heute in erschütternder Weise die totale Auslieferung der Tiere an den Kommerz. Ob es nun Hühner, Kälber oder Schweine, Robben,

Schildkröten und Wale sind, stets geht es um erbarmungslose Ausbeutung, deren Richtschnur allein der materielle Ertrag ist. Fichte ist nicht der geistige Urheber solcher Tierverachtung, sondern Indikator einer Tradition, die von weither kommt und nun zu ihrer letzten Konsequenz gelangt.

Als Ausnahme unter allen abendländischen Denkern ist bis ins 19. Jahrhundert alleine Arthur Schopenhauer zu rühmen. Seine geistige Orientierung war nicht mehr christlich bestimmt, sondern ging nach Indien, und so lehrte er die Einheit allen Lebens und die Güte zu allen Lebewesen, zumal »man zuversichtlich behaupten darf, wer gegen Thiere grausam ist, könne kein guter Mensch seyn«. In seiner Tradition lehrte Albert Schweitzer dann die »Ehrfurcht vor dem Leben«. Die Solidarität gegenüber Pflanzen und Tieren und die Achtsamkeit selbst vor der Mücke, findet sich in dieser Form sonst nur noch unter Buddhisten und Hindus — wenn auch nicht unter allen Buddhisten und Hindus.

Schließlich industrialisierte sich die Agrarproduktion. Hinzu kamen Kunstdünger, danach Breitband- bzw. Totalherbizide, die alle damit behandelten Pflanzen absterben lassen, mit Ausnahme von Nutzpflanzen, die gentechnisch so verändert worden sind, dass sie eine Herbizidresistenz gegenüber dem Glyphosat besitzen. Das industrialisierte die Agrarproduktion, um die Ernten immer mehr zu steigern. Und keiner machte sich Sorgen, weil die Natur alles hinzunehmen schien. In gewisser Weise war die Natur ja auch fast unerschöpflich. Die Menschheit wuchs und wuchs und verdoppelte sich in immer kürzerer Zeit. Die Fortschritte in Medizin und Gesundheitswesen führten in den letzten 150 Jahren zur Bevölkerungsexplosion. Um das Jahr 1800 lebten erstmals mehr als 1 Milliarde Menschen auf unserem Planeten. Die zweite Milliarde wurde um 1928 erreicht. 1960 waren es schon drei Milliarden Menschen. Derzeit umfasst die Weltbevölkerung ca. 7,3 Milliarden Menschen. Laut einer Prognose der UN aus dem Jahr 2015 werden im Jahr 2050 über 9,7 Milliarden und im Jahr 2100 ca. 11,2 Milliarden Menschen auf der Erde leben. Das bedeutet, immer mehr Hunger zu stillen, immer mehr Lebensmittelproduktion, immer mehr gerodete Waldflächen, immer mehr erstickende Abfälle, zunehmende Verarmung in der Welt des Lebendigen: Monokulturen ersetzen gemischte Wälder. Die Artenvielfalt reduziert sich von Jahr zu Jahr, ja von Tag zu Tag. Es setzt ein Insektensterben ein, die Pflanzenwelt wird monotoner, zahllose Tiere verlieren ihren Lebensraum und sterben aus. Das Buch des Lebens, sagt Christian de Duve, wird zu einem großen Teil vernichtet, bevor man es gelesen hat. Damit gehen unersetzliche Informationen über die biologische Evolution und unsere eigene Vergangenheit verloren.

Hier ist auch an den italienischen Industriellen und Mitbegründer des Club of Rome, *Aurelio Peccei, zu erinnern, der bereits 1972 sagte, als alle noch schliefen und die Welt für geordnet hielten: »Die Welt lebt bereits im Notstand; nur will das niemand wahrhaben. Es sind keine Geister der Zukunft, die ich beschwöre, sondern ein Zustand, der bereits existiert. Wir gehen einer explosiven Interaktion aller unserer Sünden entgegen: der Sünden, die wir gegen unser geistiges und materielles Erbe begangen haben. Nach unseren Berechnungen geht es mit der Welt vor dem Jahre 2100 rapide abwärts. Tod und Entbehrungen werden auch bei uns Millionen Menschen erfassen. Da wir fünfzig bis hundert Jahre brauchen, um entsprechende Veränderungen herbeizuführen, müssen wir handeln — sofort.«*

Die Fakten, von denen diese Prognose ausgeht, wurden und werden von Menschen geschaffen. Werden die Wurzeln dieser Haltungen nicht freigelegt, stoßen die notwendigen Vorschläge zu Umkehr und Kurskorrektur immer auf politischen und gesellschaftlichen Widerstand. Ob die Zeit noch ausreicht, alle beteiligten Völker und Menschen von der anwachsenden Katastrophe zu überzeugen, lässt sich derzeit nicht sagen. Aber was die Wissenschaftler als mögliche Zukunft ankündigen, schrieb der Schriftsteller Carl Amery, Mitbegründer der Partei *Die Grünen*, ebenfalls schon 1972 als sein *Wort des abwesenden Gottes* in die Welt:

> was rufst du um hilfe, törichter? Ich helfe dir nicht. du hast dir selbst geholfen.
>
> erwählt, geprüft, verbündet mit der allmacht, wie du sie verstehst, hast du aus deiner winzigen weltecke die erde erobert. du hast die zeichen deines sieges und die zeichen der vernichtung in die flanken der berge, in den schoß der erde, auf die linien des wassers geschrieben. und nun, da du mit deiner siegerfahne auf den leichen stehst, da du dich einsam fühlst und von der zukunft verlassen, willst du von Mir die alten verheißungen einfordern.
>
> warum forderst du? Ich fordere nichts von dir.
>
> ich fordere Meine blauwale, Meine laufvögel, Meine schmetterlinge und zedern nicht zurück. Ich fordere nicht Meine huroren, tasmanier, pruzzen, australier; ja, nicht einmal Meine geliebten und frommen diener, die du auf scheiterhaufen verbranntest in Meinem namen.
>
> sie gehören alle dir. Du stehst auf ihnen, du hast ihre kadaver in die brunnen deiner welt geworfen und klagst nun, dass das wasser faul ist [...]
>
> du fragst: hast du mir nicht den Sohn geschickt mit der verheißung einer zukunft, die alle meine zurüstungen übersteigt? Ich aber sage dir: Er hat dir ein beispiel gegeben, dass du tust, wie Er getan hat.

Roland Peter Litzenburger, Mich dürstet nach reinem Wasser, 1974.

Ein Fisch schnappt nach Luft, er scheint zu verenden. Mit der Fischgestalt verbindet sich eine Menschengestalt. Dabei verwundert, dass sich zwei schlaff herabhängende Arme zu einer Hand vereinen. Neben dem sterbenden Fisch ist das Bild des leidenden Jesus zu erkennen. Im Tod des einen stellt sich der Tod des anderen dar. Dass es sich nicht um einen einzigen Fisch handelt, sondern um ungezählte, machen die toten Tiere auf dem Grund des Gewässers deutlich.

Die christliche Tradition verbindet die Kreuzigung Jesu mit einem vergangenem Geschehen, übt aber kaum Solidarität mit den vielen Menschen und Tieren, die immer noch gekreuzigt werden.

geh hin, gib deine untertanen frei und diene, wie Er gedient hat: diene deinen brüdern und schwestern sonne, mond, ochs, esel, schimpansen, ameisen, bäumen, regen und tau.

wen habe Ich je erwählt, den anderes erwartet hat als dienen?

gedenk, dass du staub bist und zum staube zurückkehrst. dann — kannst du Mein Sohn sein.[17]

Du hast deinerseits Zweifel, ob die Zeit noch ausreicht, alle beteiligten Völker und Menschen von der Dringlichkeit des Handelns angesichts der Katastrophe zu überzeugen, umso mehr als der Club of Rome *bereits vor fünfzig Jahren die Weltöffentlichkeit warnte. Es geschah nichts. Kann diese Situation noch aufgefangen werden?*

Der *Club of Rome* wollte zeigen, dass das individuelle lokale Handeln globale Auswirkungen hat. Wenn die gegenwärtige Zunahme der Weltbevölkerung, der Industrialisierung, der Umweltverschmutzung, der Nahrungsmittelproduktion und der Ausbeutung von natürlichen Rohstoffen unverändert anhält, werden die absoluten Wachstumsgrenzen auf der Erde im Laufe der nächsten hundert Jahre erreicht. Schon in seinem ersten Bericht hielt der *Club of Rome* die damalige Situation für so verwickelt, dass keine Kombination rein technischer, wirtschaftlicher oder gesetzlicher Maßnahmen eine wesentliche Besserung bewirken könne, sondern nur ein außergewöhnliches Maß von Verständnis, Vorstellungskraft und politischem wie moralischem Mut.

Der Bericht nennt Schwierigkeiten »kopernikanischen Ausmaßes«. Weltweite Maßnahmen und internationale Zusammenarbeit seien unbedingt nötig.

Nur sofortige durchgreifende Maßnahmen zum Umweltschutz, zur Geburtenkontrolle, zur Begrenzung des Kapitalwachstums sowie technologische Maßnahmen können dieses Systemverhalten ändern. Es sind Szenarien errechenbar, unter denen die Weltbevölkerung wie auch der Wohlstand nachhaltig konstant bleiben. Dazu gehören die Wiederverwendung von Abfällen, verlängerte Nutzungsdauer von Investitionsgütern und anderer Arten von Kapitalgütern sowie eine langfristige Steigerung der Bodenfruchtbarkeit. Schließlich werden diese Modelle noch um erhöhte landwirtschaftliche Produktivität und perfekte Geburtenkontrolle ergänzt. Es besteht aber höchste Gefahr, dass auch maximale Technologien keinen Systemzusammenbruch verhindern, weil damit die längst eingetreten negativen Folgen auf vielen Gebieten nicht mehr zu kompensieren sind.

Die Autoren des Berichts von 1972 erwähnten zwar die Klimawirkung der Treibhausgase, überblickten aber noch nicht ihre Folgen. Im Jahr 2004 veröffentlichten sie ein 30-Jahre-Update mit dem Ergebnis, dass eine Fortsetzung des »business as usual« zum Kollaps ab dem Jahr 2030 führe.

Der Temperaturanstieg seit der vorindustriellen Zeit bis zum Jahr 2017 betrug etwa 1° C. Beim Übergang von einer Eiszeit in eine Zwischeneiszeit erwärmte sich die durchschnittliche Erdtemperatur binnen rund 10.000 Jahren etwa um 4 bis 5° C. Doch die aktuelle Erderwärmung verläuft erheblich schneller als alle bekannten Erwärmungsphasen der Erdneuzeit, also seit 66 Millionen Jahren. Wenn aber die menschengemachte globale Erwärmung die Temperatur vom Ende des 20. bis Ende des 21. Jahrhunderts um 4 bis 5° C steigert, wäre dies eine etwa hundertmal größere Erwärmungsgeschwindigkeit als bei natürlichen Klimaveränderungen.
Ursache für die Erwärmung ist die andauernde Anreicherung der Erdatmosphäre mit Treibhausgasen, insbesondere Kohlenstoffdioxid, die vor allem durch die Nutzung fossiler Brennstoffe, durch Entwaldung sowie Land- und insbesondere Viehwirtschaft freigesetzt werden. Ohne den gegenwärtigen menschlichen Einfluss auf das Klimasystem würde sich der seit einigen Jahrtausenden herrschende leichte Abkühlungstrend mit hoher Wahrscheinlichkeit fortsetzen.

Seit etwa Anfang der 1990er-Jahre besteht ein wissenschaftlicher Konsens, dass die gegenwärtige globale Erwärmung vom Menschen verursacht wird. Die Folgen der globalen Erwärmung sind Gletscherschmelze, Meeresspiegelanstieg, das Auftauen von Permafrostböden, wachsende Dürrezonen und zunehmende Wetter-Extreme mit entsprechenden Rückwirkungen auf die Lebens- und Überlebenssituation von Menschen und Tieren. Einige Folgen können irreversibel sein und die globale Erwärmung zusätzlich beschleunigen, etwa durch die Freisetzung des Treibhausgases Methan aus den aufgetauten Permafrostböden.

Um die menschengemachte globale Erwärmung aufhalten zu können, müssen weitere Treibhausgasemissionen vollständig vermieden werden. Andererseits sind die seit dem Beginn der Industrialisierung in der Atmosphäre eingebrachten Emissionen mittels geeigneter Technologien wieder rückgängig zu machen. Ein als »Treibhaus Erde« bezeichneter Zustand des Klimasystems führt zu lebensfeindlichen Bedingungen auf der Erde mit kaum vorstellbaren Turbulenzen und Katastrophen.

Wir haben die industrialisierte Massentierhaltung zwar kurz benannt, aber nicht näher bedacht.
Es ist eines der großen Verbrechen der Menschheitsgeschichte und das Schicksal industriell

aufgezogener Tiere eine der dringendsten ethischen Fragen unserer Zeit.

Die massenhafte Haltung von Tieren geschieht durchweg unter beengenden, belastenden und nicht artgerechten Umständen. Dazu werden die Grundbedürfnisse der Tiere ignoriert; ihre Bewegungsfreiheit wird stark eingeschränkt. Um die Tiere trotz unpassender Haltung leistungsfähig zu erhalten, ist eine routinemäßige Abgabe von Antibiotika unvermeidlich geworden, was auch Gefahren für die menschliche Gesundheit mit sich bringt. Ein hoher Tierbestand bedeutet ein hohes Aufkommen von Gülle, welche meist auf Wiesen und Äcker ausgebracht wird und teils zu einem »Gülletourismus« führt. Nitrat im Grundwasser wurde somit eine Begleiterscheinung der Massentierhaltung.

Anklagendes Wissen häuft sich mit jedem weiteren Tag. Ich schlage vor, wir verlassen diesen Weg und orientieren uns an den säkularen Heiligen der Naturfrömmigkeit. Vorab ist der heilige Franz nicht zu übersehen, der selbst Würmer vom Wege auflas, damit sie nicht vom Wanderer zertreten würden, und der den Bienen im Winter Honig hinstellte, damit sie in der Kälte nicht zu leiden hätten … Thomas von Celano schrieb: »Er pflegte alle geschaffenen Wesen seine Geschwister zu nennen, und auf wundersame, ande-

ren verschlossene Weise fand er Zugang in das Geheimnis der Dinge.«

Dem »Geheimnis der Dinge« gehen wir in unserem Gespräch insgesamt nach. Man kann diese Formulierung auch als Umschreibung für das Wort »Gott« nehmen.

Wenn Franz von Assisi in seine Gottesbeziehung insbesondere sein Verhältnis zu den Tieren einbezog, so lässt das Christentum insgesamt hier einen erschreckenden Mangel beklagen. Das erinnert mich an eine vielleicht theosophische Tradition, die im Stil synoptischer Evangelien erzählt, aber nicht in christlichen Quellen überliefert wird. Ich fand den Text in einer Schrift der Hare-Krishna-Bewegung, die in den 1970er-Jahren in Deutschland Straßenmission betrieb. In einer ihrer Schriften war zu lesen:

> Und es geschah, dass der Herr aus der Stadt zog und mit seinen Jüngern über die Berge ging. Und da kamen sie an einen Berg, dessen Wege sehr steil waren, und fanden einen Mann mit einem Lasttier. Das Pferd aber war zu Boden gestürzt, denn die Last war ihm zu schwer, und der Mann schlug es, dass das Blut vom Körper des Tieres rann. Und Jesus trat zu ihm hin und sprach: »Du Sohn des Gräuels, warum schlägst du dein Tier? Siehst du denn nicht, dass es für seine Last viel zu schwach ist, und weißt du nicht, dass es Schmerz leidet?« Der Mann aber antwortete und sprach:

»Was hast du damit zu schaffen? Ich kann mein Tier schlagen, so viel es mir gefällt; denn es gehört mir, und ich kaufte es für eine schöne Summe Geldes. Frage nur die da, sie kennen mich und wissen es.« Und einer von den Jüngern antwortete und sprach: »Ja, Herr, es ist so, wie er sagt, wir waren dabei, als er das Pferd kaufte.«

Und der Herr erwiderte: »Seht ihr denn nicht, wie es blutet, und hört ihr nicht, wie es stöhnt und jammert?« Sie aber antworteten und sprachen: »Nein, Herr, wir hören nicht, dass es stöhnt und jammert!« Und Jesus wurde traurig und sprach: »Wehe euch, ihr Hartherzigen, die ihr nicht hört, wie es um Mitleid klagt und schreit zu seinem himmlischen Schöpfer, und dreimal Wehe dem, gegen den es schreit und stöhnt in seiner Qual!« Und er schritt weiter und berührte das Pferd, und das Tier erhob sich, und seine Wunden waren geheilt. Aber zu dem Manne sprach er: »Gehe nun deinen Weg und schlage es künftig nicht mehr, so du auch Mitleid zu finden hoffst.«[18]

Springen wir von hier zu einer ganz und gar säkularen Persönlichkeit, der unbekanntesten Bekannten in Deutschland, Rosa Luxemburg. In einem Brief vom 2. Mai 1917 schrieb sie:

Gestern las ich gerade über die Ursache des Schwindens der Singvögel in Deutschland: Es ist die zunehmende rationelle Forstkultur, Gartenkultur und der Ackerbau, die ihnen alle natürlichen Nist- und

Nahrungsbedingungen: hohle Bäume, Ödland, Gestrüpp, welkes Laub auf dem Gartenboden — Schritt für Schritt vernichten. Mir war es so weh, als ich das las. Nicht um den Gesang für die Menschen ist es mir, sondern das Bild des stillen, unaufhaltsamen Untergangs dieser wehrlosen kleinen Geschöpfe schmerzt mich so, dass ich weinen musste [...]

Aber ich bin ja natürlich krank, dass mich jetzt alles so tief erschüttert. Oder wissen Sie? Ich habe manchmal das Gefühl, ich bin kein richtiger Mensch, sondern irgendein Vogel oder ein anderes Tier in Menschengestalt; innerlich fühle ich mich in so einem Stückchen Garten wie hier oder im Feld unter Hummeln und Gras viel mehr in meiner Heimat als auf einem Parteitag. Ihnen kann ich ja wohl das alles sagen: Sie werden nicht gleich Verrat am Sozialismus wittern. Sie wissen, ich werde trotzdem hoffentlich auf dem Posten sterben: in einer Straßenschlacht oder im Zuchthaus. Aber mein innerstes Ich gehört mehr meinen Kohlmeisen als den »Genossen«. Und nicht etwa, weil ich in der Natur, wie so viele innerlich bankerotte Politiker, ein Ausruhen finde.[19]

Daneben lässt sich Albert Schweitzer stellen, ein Franziskus redivivus:

Wahrhaft ethisch ist der Mensch nur, wenn er der Nötigung gehorcht, allem Leben, dem er beistehen kann, zu helfen, und sich scheut, irgend etwas Lebendigem Schaden zu tun. Er fragt nicht, inwiefern dieses oder jenes Leben als wertvoll Anteilnahme verdient, und auch nicht, ob und inwieweit es noch empfindungsfähig ist. Das Leben als solches ist ihm heilig. Er reißt kein Blatt vom Baume ab, bricht keine Blume und hat acht, dass er kein Insekt zertritt. Wenn er im Sommer nachts bei der Lampe arbeitet, hält er lieber das Fenster geschlossen und atmet dumpfe Luft, als dass er Insekt um Insekt mit versengten Flügeln auf seinen Tisch fallen sieht.

Geht er nach dem Regen auf die Straße und erblickt den Regenwurm, der sich darauf verirrt hat, so bedenkt er, dass er in der Sonne vertrocknen muss, wenn er nicht rechtzeitig auf Erde kommt, in der er sich verkriechen kann, und befördert ihn von dem todbringenden Steinigen hinunter ins Gras. Kommt er an einem Insekt vorbei, das in einen Tümpel gefallen ist, so nimmt er sich Zeit, ihm ein Blatt oder einen Halm zur Rettung hinzuhalten.

Er fürchtet sich nicht, als sentimental belächelt zu werden. Es ist das Schicksal jeder Wahrheit, vor ihrer Anerkennung ein Gegenstand des Lächelns zu sein.[20]

Nachdem die Menschheit sich vom ersten Schock von Darwins Evolutionstheorie erholt hat, sollten alle Gebildeten mehr und mehr in der Lage sein, sich als Kinder derselben Natur zu verstehen. Diese Verwandtschaft kann keinem gleichgültig sein, zumindest wird sie einen nachdenklichen Menschen berühren, vielleicht sogar tief anrühren. Wahrscheinlich hatten schon die ältesten Jäger jene Einheit des Lebens im Sinn, wenn sie in ihren Höhlenbildern und Riten dem Tier einen hohen Rang zuwiesen.

Die neueste Biologie und Verhaltensforschung hat vor allem mit den höchsten Arten der Säugetiere vielfache Übereinstimmungen festgestellt. In körperlichen Ähnlichkeiten und in Entsprechungen des Verhaltens drückt sich der enge Verwandtschaftsprozess aus. Doch fragt sich, ob wir den Evolutionszusammenhang in seiner ganzen Realität schon tief genug in uns aufgenommen haben. Im Prinzip sind wir Menschen, biologisch verstanden, auch Tiere. Daraus erwächst die Chance, das Tier als Bruder oder Schwester zu erkennen. Freilich wählen wir aus den fremden Tiergestalten nach nicht immer einleuchtenden Kriterien unsere Freunde aus: Ein sehr schwer deutbares System von Schönheitsurteilen wirkt mit, meint Walter Dirks:

> Eine Tiergattung positiv als Bruderschaft empfinden zu können, mich aufgrund verwandter Strukturen in sie einfühlen zu können, gelingt manchen Menschen nur gegenüber den Säugetieren und nicht einmal gegenüber allen. Nimmt man die Beziehung zum Tier als einen Maßstab entwickelter Humanität, so wird man viel tiefer ins Reich der Tiere hinabsteigen müssen, wenn man sich für einen humanen Menschen halten will. Ich denke nämlich, dass es durchaus angemessen ist, diesen

Maßstab zu gebrauchen. Erwachsene Tierquäler sind rohe Menschen, tierquälende Kinder sind in ihrer unschuldigen Grausamkeit noch nicht zur reifen Menschlichkeit gelangt.[21]

Wenn das Verhältnis zum Tier noch eine Verwandtschaft erkennen lässt, erlischt dieses Denken gegenüber der pflanzlichen Welt in einer erschreckenden Weise. Seit etwa 1950 hat sich die Fläche des tropischen Regenwaldes halbiert, für Holz, Papier, Ölpalm- oder Sojaplantagen, Rinderweiden oder zur Ausbeutung von Bodenschätzen. Bei der Abholzung der Wälder wird auch der Lebensraum der Tiere für immer zerstört. Viele Tierarten sind noch unentdeckt und werden aussterben, bevor wir sie kennenlernen. Oft stammt das Holz aus diesem Raubbau von sehr alten Bäumen. Im Regenwald standen die Bäume viele hundert Jahre, ohne dass bisher ein Mensch sie angetastet hat. Die Regenwälder der Erde unterscheiden sich deutlich voneinander — je nachdem, ob sie in Südamerika, Afrika, Asien oder Australien wachsen. Das betrifft die Tier- und Pflanzenarten genauso wie die Lebensgewohnheiten und die Kultur der Bevölkerung.

Wenn in Südamerika der Regenwald der Rinderzucht und der Palmölgewinnung geopfert wird, geschieht auch bei uns mancher Baumfrevel, wie etwa dieser eine:

Es gab in einem sauerländischen Dorf eine geschwisterliche Verbindung von Kirche und Linde. Diese Gemeinsamkeit, in der eins das andere ehrte, ist einem Zweckdenken zum Opfer gefallen. Der Baum wurde gegen den Willen des Dorfes gefällt. Dem Kirchenvorstand, der dies entschieden hatte und offensichtlich der Ansicht war, es nur mit einer »Sache« zu tun zu haben, wäre mehr Sensibilität und Ehrfurcht vor einer alten, aber gesunden Linde zu wünschen gewesen. Dann hätte er lernen können, dass die gefällte Linde außer mit Schadensbefürchtungen auch mit so etwas wie Frömmigkeit angeschaut werden kann. Aber längst wurde die Natur aus diesem Horizont verdrängt; sie unterliegt nur noch dem Schema »nützlich oder schädlich«. Die Linde ist nicht gefällt worden, weil sie eine Gefahr darstellte, sondern weil in den Köpfen des dazu befugten Gremiums der Baum »nichts als ein Baum« ist, kein Wert, in dem sich Natur und Kultur, Heimatliebe und Lebensgeschichte durchdringen.

Nachdem die Linde gefällt war, weil sie angeblich mit ihrem Wurzelwerk die alte Kirche bedrohte, begann man das Umfeld der Kirche zu »gestalten«. Aber kein Betonpflaster, kein Brunnen und keine Neupflanzung an den Kirchplatzgrenzen kann jene gewachsene Würde ersetzen, die den Freunden des Dorfes, der alten Kirche und des Baumes in Erinnerung bleibt.

Kriege und Friedensarbeit

Im Nachdenken über säkulare Frömmigkeit kannst du dich einem ganz und gar unfrommen Thema nicht entziehen: der menschlichen Aggressionsbereitschaft, um nicht zu sagen: seiner Aggressionsfreude. Wir Menschen sind keine friedliebende Spezies. Die Geschichte zeigt eine ununterbrochene Folge von Kämpfen und Kriegen. Eroberung, Unterdrückung, Ausbeutung, Versklavung, Entwürdigung, Kreuzzüge, kleine Kriege, große Kriege, Weltkriege.

Es ist zu befürchten, dass die Menschheit, bei weiterem Anwachsen der Bevölkerung, wenn die Ressourcen knapp werden, sich immer gefährlicher gegeneinander verstrickt. Bis zum Ende des 21. Jahrhunderts könnte die Weltbevölkerung fast elf Milliarden betragen. Das sind rund 2,6 Milliarden mehr als dreißig Jahre zuvor. Dieses Bevölkerungswachstum behindert die soziale und politische Entwicklung und belastet Natur und Umwelt. Allerdings ist in den Ländern der Südhalbkugel der Pro-Kopf-Ausstoß an klimaschädlichen Gasen wie Kohlendioxid im Vergleich zu den reichen Ländern auf der Nordhalbkugel verschwindend gering. Würde sich das Wachstum der Bevölkerung ungebremst fortsetzen, wären es bis zum Jahr 2100 rund zwanzig Milliarden Menschen. Davon gehen die Vereinten Nationen jedoch nicht aus: Die UN-Bevölkerungsprojektion 2019 hat die Schätzung für das Jahr 2100 von bisher 11,2 Milliarden Menschen auf 10,9 Milliarden reduziert.

Ob unsere empfindliche Welt dieses Wachstum einer einzigen Spezies ertragen kann, ist keineswegs sicher. Die erste Frage ist nicht, ob diese Menschen alle ernährt werden können, was vorstellbar erscheint; auch nicht, ob die weitere Zerstörung der Erde verhindert werden kann, was mit Hilfe von Wissenschaft und Technik vielleicht gelingen könnte. Die Frage ist vielmehr, ob so viele Menschen friedlich zusammenleben können. Genauer gefragt: Werden wir lernen, uns dem Druck der wachsenden Bevölkerungszahl zu unterwerfen? Unseren Lebensstil bescheidener zu halten? Eine größere Friedfertigkeit im Zusammenleben mit anderen Bevölkerungsgruppen zu entwickeln? Leider lautet die Antwort: Wahrscheinlich nicht.

Unklar ist, wie viel menschliche Aggressivität genetisch bedingt ist und welcher Anteil erworben wurde. Alexander der Große, Dschingis Khan, Napoleon oder Hitler sind für unsere Spezies mehr repräsentativ als Franz von Assisi oder Mahatma Gandhi. »Wir sind aggressive Tiere«, sagt Christian de Duve und ergänzt: »Die Aussichten sind mehr als beunruhigend; sie sind entsetzlich. Wenn die Weltbevölkerung jedes Jahr um 100 Millionen Menschen wächst, und das vor allem im Süden, muss sich Druck aufbauen, und dann kann die Gegenreaktion nicht lange auf sich warten lassen ... Wir haben uns nicht geändert. Immer noch nicht.«

Nun sollte man meinen, das Ethos Jesu, das sich bis zur Feindesliebe steigert, hätte einen neuen Ton in die Weltgeschichte gebracht.

Wie sollte das möglich sein? Bedenk doch, wie sich der auf Jesus zurückgeführte Glaube gleich zu Beginn veränderte. Paulus hält Menschen von Geburt an für Sünder, demnach für verloren, es sei denn, dass jemand, der unendlich mehr Wert hat, als ein Mensch haben kann, sich für diesen verlorenen Menschenwurm einsetzt, um ihn frei zu kaufen. Aus sich heraus scheint der Mensch nicht liebenswert genug zu sein. Auch die Liebe Gottes zu den Menschen ist offensichtlich nicht ausreichend, denn nach Paulus musste zunächst ein Menschenopfer stattfinden, das mit Gott wieder aussöhnt. Darum deutet Paulus den Tod Jesu als Sühnetod. Was aber ist das für ein Gott, der »seinen eigenen Sohn dahingibt«, genauer: der den Tod des eigenen Sohnes als Opfer braucht, um sich mit der Menschheit wieder versöhnen zu können? Auf einer solchen Basis und den darauf gesattelten Konstruktionen, kann sich keine friedensfähige Religion entwickeln. Über die längste Zeit der christlichen Geschichte galt es sogar als ausgemacht, dass trotz des Erlösungsopfers durch Jesu Kreuzestod die meisten Menschen verloren sind, platt gesagt: abgeschrieben werden müssen. Als der treue indische Reisebegleiter des Franz Xavier (1506–1552) gestorben war, schrieb dieser nach Hause: »Ich kann ihm nicht mehr all das Gute vergelten, das er mir getan hat, ich kann nicht einmal für ihn beten, denn er ist ja jetzt in der Hölle.« Und mit der Hölle hat die kirchliche »Pastoral« in vielfacher Hinsicht einen regelrechten Terror betrieben. Der Pfarrer von Ars, Jean Vianney (1786–1859), stellte »die Türen der Tavernen als Tore zur Hölle« dar. Er sorgte für deren Schließung in Ars. Die »Sünde der Tänze« war für ihn das »Vorspiel für jede Art fleischlicher Versuchung«, und er verweigerte Gemeindemitgliedern die Absolution, sofern sie das Tanzen nicht aufgaben. In dieser Richtung fanden im gesamten 19. Jahrhundert sogenannte Volksmissionen statt, die ohne schaurige Höllenpredigten nicht auskamen. Dazu kam der Druck eines ständigen Schuldbewusstseins.

Das allerdings ist schon der Ausdruck eines entgleisten Christentums, das die Reich-Gottes-Praxis Jesu — einer Lebensform — gegen eine bedrückende Lehre *eintauschte. Bereits mit Paulus' »Glaubensgehorsam« (Röm 1,5; 16,26) begann ein fatales Verlassen der Spur Jesu. Einer der Paulus-Schüler verschärfte diesen Begriff gleich zur Drohbotschaft: Die Annahme oder Ablehnung der Botschaft werde über das Schicksal der Menschen beim Gericht entscheiden: »Dann übt er Vergeltung an denen, die Gott nicht kennen und dem Evangelium Jesu, unseres Herrn, nicht gehorchen. Fern vom Angesicht des Herrn und von seiner Macht und Herrlichkeit müssen sie sein, mit ewigem Verderben werden sie bestraft« (2 Thess 1,8–10).*

Mit ewigem Verderben wird bedroht, wer nun einer Lehre nicht gehorcht.

Mit dieser Vorstellung von heilswirksamer Lehre und zu verfolgender Strafe ging das noch nicht einmal zu sich selbst gekommene junge Christentum in die antike Welt und verhaspelte sich in den folgenden Jahrhunderten in endlosen Lehrstreitigkeiten. Der immer strammer eingeforderte Lehrgehorsam ließ die Reich-Gottes-Praxis Jesu hinter sich zurück. Alle freien Kräfte wurden von Häresiekontroversen gebunden, welche sich im Grunde bis heute dahinziehen. Verdächtigungen, Verurteilungen, Exkommunikationen, Folter und Hinrichtungen haben das Evangelium Jesu überdeckt und entstellt. Bereits im Jahre 385 wurden spanische Häretiker (Priscillian mit sechs Gefährten) in Trier hingerichtet. Jesu Weg, in die Hütten und Häuser Galiläas den Frieden zu bringen, die Armen zu ermutigen, die Kranken zu heilen … verwandelte sich allzu bald in ein immer heftigeres Gezänk zwischen Judenchristen und Heidenchristen, Byzanz und Rom, Ostkirche und Westkirche, Papst und Gegenpapst, reformierten und römisch-katholischen Gläubigen, bis zu ausgewachsenen Religionskriegen, in denen die Bergpredigt Jesu ausgeblendet war. Barmherzigkeit und Feindesliebe wichen einem Orthodoxiewahn und jeder nur denkbaren Verteufelung.

Wir müssen noch einmal zurückschauen, in die Anfänge. Das Christentum der ersten beiden Jahrhunderte hatte zum Krieg noch große Distanz. Es sah den Militärdienst in der Regel als unvereinbar mit dem Christsein an. Das biblische Zentralgebot der Liebe schloss für die Nachfolger Jesu jede eigene tötende Gewalt aus. Die freiwillige Meldung eines Getauften zum Soldatendienst in einer Berufsarmee — das Römische Reich kannte keine Wehrpflicht — galt als Abfall vom unbedingten Glaubensgehorsam. Wer als Soldat Christ wurde und dennoch Soldat blieb, musste mit Exkommunikation aus der Kirche rechnen. Eine frühchristliche Gemeindeordnung, formuliert um 200 als Anforderung an die Taufbewerber: »Ein Soldat, der unter Befehl steht, soll keinen Menschen töten. Erhält er dazu den Befehl, soll er diesen nicht ausführen, auch darf er keinen Eid leisten. Ist er dazu nicht bereit, soll er abgewiesen werden. […] Der Katechumene wie auch der Gläubige, der Soldat werden will, muss abgewiesen werden, weil er Gott verachtet hat.«

Aber dann wurde die Kirche im 4. Jahrhundert nach dem Modell des Römischen Reiches umgestaltet: Die konstantinische Wende (ab 313) drängte den ursprünglichen christlichen Pazifismus rasch in den Hintergrund. Kaiser Konstantin I. ließ die von der Kirche exkommunizierten Soldaten mit erhöhtem Rang in das römische Heer zurückkehren. Das Konzil von Arles im Jahr 314 schloss bereits jeden Deserteur, auch den aus Gewissensgründen, vom Empfang der Sakramente aus. Athanasius und Ambrosius lobten den Dienst mit der Waffe für das Vaterland. Nachdem dann das Christentum im Jahr 380 zur römischen Staatsreligion erhoben worden war, erließ Kaiser Theodosius II. 416 ein Edikt, wonach nur noch Christen in die Armee aufgenommen werden durften.

Damit wurde die Kriegsdienstverweigerung aus Glaubensgründen zur seltenen Ausnahme, die zudem von Staat und Kirche gemeinsam abgelehnt und später rigoros verfolgt wurde. Die 420 von Augustinus formulierte kirchliche Lehre vom gerechten Krieg rechtfertigte den Kriegsdienst von Christen und Nichtchristen. Sie blieb in zahlreichen Modifizierungen und Erweiterungen bis heute die maßgebende ethische Basis der Großkirchen für deren Verhältnis zu Wehrdienst und Militäreinsatz. Das Kaiserbild wurde zur Matrix des Kultbildes. Seitdem prägt der Imperator das Bild eines herrscherlichen Christus, das bald übermächtig aus

den Apsiden des basilikalen Kirchenbaus auf die Gemeinden herabschaut.
Diese »Christologie« entfaltete sich nun im Medium der Herrschaft, direkt im Gegenüber zum Dominus Caesar. Von da an interessiert fast nur noch die Göttlichkeit des Christus, durchaus zweckdienlich gedacht, um die größtmögliche Divinisierung (Vergöttlichung) der Machtausübung zu erreichen. Darum erscheint Herrschaft von jetzt an in Heiligkeit getaucht. Das Gottesverständnis verliert die Unmittelbarkeit und Vertrautheit, die Jesus mit der Anrede »Abba — Vater« vermittelte. Die Differenz zwischen der institutionellen Gestalt der Kirche und ihrer jesuanischen Herkunft tut sich weit auf.

Insgesamt hat sich die Kirche von dem Einbruch, den sie durch die Veränderungen der Konstantinischen Zeit erlitt, nie mehr erholen können. Der jesuanische Ursprung und sein Reich-Gottes-Konzept ist in der kirchlichen Realität verblasst. Den vereinzelten Ansätzen, die es dazu immer wieder einmal gab, vor allem in den Armutsbewegungen des Mittelalters, steht die Herrschaftskirche gegenüber, ihr heutiges Kirchenrecht und ihre hierarchische Repräsentanz.

Alles in allem ist es systemkonform, dass sich das Christentum in der Unfriedensgeschichte Europas bis hin zum Zweiten Weltkrieg, Algerienkrieg, Vietnamkrieg, den Golfkriegen ... als Legitimationsideologie für politische Herrschaft oder auch gesegnete Geschäfte in Dienst nehmen ließ. Das Ethos Jesu, wie es die Bergpredigt bewahrt, spielt in der Reich-Gottes-Vergessenheit, die sich bis ins Glaubensbekenntnis niederschlägt, in der nur nominell christlichen Welt keine Rolle. Herrschaftsautorität prägte die kirchlichen Ämter. Darum agierten deren Amtsträger als politische Machthaber — und sind auch heute noch im hierarchischen Amtsverständnis kirchliche Machthaber. Päpste und Fürstbischöfe waren über Jahrhunderte Kriegsherren: Sie mobilisierten Kreuzzüge, führten Kriege und Verfolgungsjagden mit allen Mitteln, legitimierten überseeische Eroberungen, redeten von Gott und meinten Kattun. Erst in jüngster Zeit, nach dem endgültigem Bankrott des Christentums in Auschwitz, erfolgt ein erschrecktes Aufwachen, bei manchen auch die Wandlung zu Frieden und neuen Denkansätzen. Im Amtsverständnis der Institution aber schlägt sich davon nichts nieder. Weiterhin ist die Kirche eine ebenso immobile wie eitle Hierarchie, die von sich behauptet, von »Christus« (wer immer das ist) gestiftet zu sein und die nur Männer zulässt, bis eines Tages diese Männer nur noch sich selbst verwalten. Wie sogar ein (bedingt) reformbereites Oberhaupt an dieser nicht mehr reformierbaren Struktur scheitert, muss Papst Franziskus erleben. Vielleicht hat er aber auch seinerseits immobiles Denken verinnerlicht, so dass ihm der befreiende Schritt über das traditionell Festgelegte hinaus nicht möglich ist.

Inzwischen hat sich die Christenheit in ein multiples Schisma zersplittert. Fronten, Risse und Spannungen allenthalben: Konfessionen, Kirchen und Freikirchen, Liberale und Orthodoxe, Männer und Frauen, Laien und Bischöfe, Franziskus-Anhänger und Benedikt-Gegner, Ausgetretene und Noch-nicht-Ausgetretene ... insgesamt ein Gefüge, das seine bisherigen Anhänger immer weniger überzeugt und aus der mitgeschleppten dogmatischen Last kaum noch einen Funken Gläubigkeit zu schlagen vermag.

Die »Gläubigen« spüren heute genau, welche doktrinären Vorgaben in erster Linie der Machtausweitung nach außen und der Machtsicherung nach innen dienen: Frauen einzusperren in ein Gedankengebäude von Minderwertigkeit und Machtausschluss; »wiederverheiratet Geschiedenen« den Sakramentenempfang zu verwehren; heterosexuellen Paaren den Modus ihres Ehelebens vorzuschreiben; über das Ethos Homosexueller bestimmen zu wollen; »geweihten« Männern Macht zuzusprechen, die keiner Überprüfung unterliegt außer einer Hierarchie unter ihresgleichen. Nichts von alldem ist in Jesu Wort begründet. Hinzu kommt der weltweite Missbrauchsskandal, der in seiner systemischen Schrecklichkeit den doktrinären Selbstansprüchen der Hierarchen endgültig die Grundlage entzogen hat, denn er hat die Stützen des Systems delegitimiert und in dessen eigenem Verhalten jeden Anspruch auf Wegweisung unglaubwürdig gemacht.

Aber was bleibt dann noch?

Wer kann es sagen? Ich wüsste nicht, wo anfangen und wo aufhören. Das Hauptproblem scheint mir zunächst in einer systemimmanenten mangelhaften Aufrichtigkeit zu liegen. Der gelehrte und praktizierte Fundamentalismus der Hierarchie ist ein Fremdkörper in der Gesellschaft gebildeter Menschen. Das wird bereits optisch empfunden. Ein Bischof, mit Mitra und Stab auftretend, wirkt inzwischen als Maskerade. Wer will noch glauben, sie seien »von Christus selbst eingesetzt« worden und seitdem durch eine ununterbrochene Kette »gültiger Weihen« legitimiert. Schon das ist ein historisch nicht gedeckter Anspruch, der alle weiteren Unwahrhaftigkeiten kontaminiert. Solange diese Hierarchie, theologisch in der Regel selbst nicht up to date, missliebigen Theologen Lehrstühle verwehrt, sie zensuriert, weil sie sich erkühnen, zu schreiben und zu sagen, was sie erkannt haben und was sie nicht mehr für vertretbar halten ... bleibt eine solche Kirche ein autoritäres System, dem man lieber fernbleibt, als sich darin zu engagieren.

Aber gerade diejenigen, die sich engagieren — in der Seelsorge, in der Krankenpflege und Sozialarbeit, im Einsatz gegen Armut, Hunger und Obdachlosigkeit —, gerade die sind es, die das Christentum lebendig halten und von denen wir uns nicht trennen können, auch nicht trennen wollen, weil wir mit ihnen doch eines Sinnes sind und sie ermutigen und stützen müssen

Du hast recht. Aber damit verwirrt sich das ganze Bild. Man kann ja auch vielen heutigen Bischöfen nicht ehrliches Engagement und Aufrichtigkeit absprechen — und trotzdem leben sie auf einem anderen Stern. Wenn man sie sprechen hört, fehlt theologisches Format. Sie sind durch Weihe und Dienst eingebunden in eine fundamentalistische Struktur, die jeden einzelnen Kleriker und die Kirche insgesamt immobil macht. Wer die Tragik dieser ideologischen Abhängigkeiten sehen will, kann das zu Weihnachten, Ostern und Pfingsten immer wieder neu erleben, wie in den Festpredigten verdrängt und verschwiegen wird, was als bibelwissenschaftliche Erkenntnisse doch mit herausfordernder Sicherheit vorliegt. Die meisten Bischöfe schützen sich durch dogmatisch überdeckte Unkenntnis.

Genauso gibt es eine Unfähigkeit zu offener Kritik gegenüber binnenkirchlichen und zumal vatikanischen Verhältnissen. Als müsse der herrschende Betriebsklüngel ständig verschwiegen und entschuldigt wer-

den. Allerdings ist das ein Problem, das sich mit Machtstrukturen immer verbindet und so alt ist, wie es Kirche gibt.

Schließlich ist auch die Kirchengeschichte nicht zu vergessen, etwa wie sich der Episkopat während der Weltkriege und gegenüber dem Nationalsozialismus in seinen Predigten und Stellungnahmen verhalten hat. Ob nun die eigene Glaubensverkündigung oder die innerkirchliche Reform oder die je politisch angepasste Position: ein Bild allgemeinen Versagens.

Du erwähnst die Predigten und Stellungnahmen der deutschen Bischöfe zum Nationalsozialismus. Das Thema scheint mir trotz vieler Veröffentlichungen noch nicht hinreichend aufgearbeitet zu sein. Vielleicht ist es inzwischen periphär geworden, weil die christlichen Kirchen an Bedeutung verlieren. Dennoch bleibt die Geschichte herausfordernd: Kriege wurden von christlich gewordenen Völkern nach außen wie nach innen geführt. Päpste beteiligten sich aktiv, initiierten die Kreuzzüge. Bischöfe rekrutierten eigene Truppen und verliehen sie gegen Geld. Was war über mehr als tausend Jahre streitsüchtiger als das christliche Europa? Gab es überhaupt — wenigstens gelegentlich — so etwas wie eine christliche Friedensbewegung? Hier ist an Johann Heinrich Jung-Stilling (1740–1817) zu erinnern, pietistischer Schriftsteller aus dem Siegerland, der schrieb:

»Ich habe oft von Männern, die am Christus-Eckel kränkeln, den Einwurf gehört: was denn doch die Religion Jesu viel nütze und genützt habe? Die europäischen oder christlichen Nationen seien ja doch in Ansehung ihrer sittlichen Vervollkommnung um keinen Grad besser, als von jeher auch andere gebildete Völker gewesen sind. — Im Ganzen genommen ist freilich etwas dran: die Staatspolitik ist noch immer eben so pfiffig als sie bei Assyrern, Babyloniern, Persern, Griechen und Römern war, und unsere Kriege haben durchgehends so wenig Christliches, daß man eine europäische Armee wohl schwerlich von Nebukadnezars oder Alexanders Heeren, was die Handelsweise betrifft, würde unterscheiden können.«

Recht hat er, der wackere Pietist. Aus dem benachbarten kölnischen Sauerland aber ist eine Besonderheit anzumerken. Als unter der Herrschaft der preußischen Hohenzollern 1871 erstmals ein deutscher Nationalstaat entstand, sahen sich die katholischen kurkölnischen Neupreußen gegenüber den evangelisch märkischen Nachbarn, die sich schon viel länger und viel stolzer preußisch verstanden, in einer Zwickmühle. Anschaulicher Beleg dafür ist eine anonyme Schrift, die 1870 in Soest [in 6. Auflage] erschien und in ihrer ersten Hälfte eine staatsbürgerliche Rechtfertigung betreibt: Die Katholiken seien »an sich« die allertreuesten Staatsbürger und zuverlässigsten Patrioten. Diesen Beteuerungen folgte dann allerdings eine Grenzziehung, wie man sie in den Weltkriegen des 20. Jahrhunderts nicht mehr hören konnte:

> Aber ein Patriot, der nur Patriot wäre und keine höheren Pflichten kennte, als Vaterlandsliebe — ein solcher Patriot ist der grundsätzliche Katholik nicht und darf es nicht sein. Es gibt noch ein höheres und erhabeneres Gebiet, als das des natürlichen Lebens. Es gibt noch ein anderes Vaterland für uns auch auf dieser Welt, ein viel wichtigeres, größeres, erhabeneres, heiligeres und heilbringenderes. Dieses ist die Kirche. In diesem geistlichen Verbande kennen wir weder Juden noch Nationen, weder Griechen noch Barbaren«, weder Deutsche noch Italiener noch Franzosen noch Polen. In diesem Vaterlande ruhen unsere höchsten Güter, unsere ewigen Interessen, unsere letzten und unzerstörbaren Hoffnungen. [...] Unter Patriotismus verstehen wir Katholiken nicht Staatsvergötterung. Denn in der Schrift steht ja geschrieben: »Man muß Gott mehr gehorchen als den Menschen.« [Der Katholik müsse] Nein sagen zu einem Patriotismus, der auswärtige Völker und fremde Staaten beschimpft, verleumdet und verlästert. Der Katholik erkennt in jedem Menschenkinde seinen Nächsten, seinen Mitbruder, mag er wohnen, wo er will, und welchem Staate auch immer angehören.[22]

Im Blick auf den Krieg von 1866 heißt es eindeutig: »Wir sind Katholiken — darum sind wir keine Patrio-

ten.« Als 1803 das kurkölnische Sauerland zunächst unter hessische Herrschaft kam, gerieten die jungen Männer unter eine zehnjährige Militärpflicht, der sie sich durch Flucht in allerlei Verstecke zu entziehen versuchten. Erst Jahrzehnte später begann eine Umerziehung zum preußischen Patriotismus.

Kriegsdienstverweigerung blieb in allen europäischen Regionen bis in die Neuzeit eine seltene Ausnahme. Im Mittelalter haben sich nur Katharer und Waldenser gegenüber ihren Landesfürsten ablehnend verhalten, wenn diese Zwangsdienste forderten und eine Armee für ihre Feldzüge aufstellen ließen. Dafür nahmen diese Minderheiten staatliche wie großkirchliche Verfolgungen als Ketzer auf sich. Doch Ketzer zu sein, wertete ihr Zeugnis gleich wieder ab.

In der Reformationszeit entstanden auch im deutschsprachigen Raum christliche Gruppen, die einen an Bibel und Urchristentum orientierten Lebensstil anstrebten. Dazu zogen sie sich häufig von der Außenwelt zurück, so die Böhmischen Brüder und die Hutterer. Auch aus der Täuferbewegung gingen Gruppen hervor, Mennoniten und Quäker, die ihre prinzipielle Gewaltfreiheit in deutschen Gebieten nicht einhalten konnten und deshalb auswanderten, bis ins 20. Jahrhundert hinein. Nur das dänische Herzogtum Schleswig stellte sie 1623 mit der Ansiedlung in Friedrichstadt (im Kreis Nordfriesland) vom damals angeordneten Waffendienst frei. 1647, kurz vor Ende des Dreißigjährigen Krieges, erklärte das *Agreement of the People* erstmals, jeder Zwang zum Kriegsdienst verletze natürliche Menschenrechte. Doch kaum einer der Fürsten erkannte dieses Recht an. Friedrich der Große sicherte den preußischen Mennoniten 1780 gegen ein Jahresentgelt von 5.000 Thalern zwar die »ewige« Befreiung von der Militärpflicht zu, schränkte dafür aber deren Niederlassungs- und Bodenerwerbsrechte ein. Schließlich entstanden in Nordamerika im 19. Jahrhundert weitere pazifistische Kirchengemeinschaften.

Die Großkirchen haben diese christlichen Gemeinschaften kaum ernst genommen und nicht als Anfrage an ihr eigenes Gewissen verstanden.

Sie haben nicht einmal ihre eigenen jungen Männer vor den Kriegen zu schützen gesucht. Mit 18 Jahren wurden sie gemustert. Anschließend schmückten sie einen Leiterwagen mit frischen Birken und fuhren durch die Gemeinde mit Bier und Gesang. Keiner sagte ihnen, welchem Höllenszenario sie entgegengingen. Die Rede war von Vaterland, Ehre, Krieg und möglichem Heldentod. Viele junge Leute sind freiwillig gegangen. Die deutschen Bischöfe haben sie ermutigt, sich für das Vaterland zu »opfern«. Und als es vorbei war, wollten sie es in dieser Rolle nicht gewesen sein.

Und wie verhielten sich die pazifistischen Sekten in der NS-Zeit?

Die größte Gruppe der Verweigerer waren die Zeugen Jehovas. Von NS-Ideologen, SS- und Gestapo-Funktionären wurden sie als Staatsfeinde eingestuft. Von dieser 1933 etwa 20.000 bis 30.000 Mitglieder zählenden Gemeinschaft sind rund 10.000 in Gefängnisse und Konzentrationslager eingesperrt worden, darunter viele Frauen. Als im April 1917 die Vereinigten Staaten in den Ersten Weltkrieg eintraten, sprach sich Joseph F. Rutherford, der Präsident der Wachtturm-Gesellschaft, für Kriegsdienstverweigerung aus: »Kein Christ kann Kriegsdienst leisten und dabei ein Christ bleiben.« Im Juli 1917 wurde der Krieg als Verstoß gegen das neutestamentliche Mordverbot angeprangert: »Krieg ist eine offene Schändung des Christentums.« Seither lehnen Zeugen Jehovas durchgehend nicht nur den Dienst mit der Waffe ab, sondern auch Sanitätsdienst in der Armee und die Arbeit in Rüstungsfabriken. Kriegsdienstverweigerung wurde im Ersten Weltkrieg als Fahnenflucht oder Landesverrat mit schweren Zuchthausstrafen, in der Zeit des Nationalsozialismus als Wehrkraftzersetzung mit der Todesstrafe geahndet.

Aber wer hat diese Haltung der Zeugen Jehovas ernstgenommen? An unseren Haustüren wurden und werden sie meist schroff abgewiesen. Ihr Zeugnis wird auch heute noch in der christlichen Mehrheitsgesellschaft gerne unterschlagen. Wie haben die Großkirchen ihr Christentum in den beiden Weltkriegen behauptet?

Neben den Zeugen Jehovas sind nur wenige protestantische und katholische Verweigerer im NS-Staat exekutiert worden. Als einsame und verlassene Toren, von allen unverstanden, haben auch die Kirchen selbst sie verleugnet. Der US-Amerikaner Gordon C. Zahn (1918–2007) hat sich 1965 als Erster dieser Männer angenommen. Er konnte nicht mehr als sieben Katholiken in Erfahrung bringen, die den Militärdienst offen verweigerten. Von ihnen ist der Österreicher Franz Jägerstätter (1907–1943) am meisten bekannt geworden.

Ist es bei dieser Zahl geblieben?

Im Laufe des Krieges von 1939 bis 1945 waren 17,3 Millionen Männer zur deutschen Wehrmacht einberufen, dazu kam noch eine Million Mitglieder der SS. Die Historikerin Annette Mertens hat unter den 18,3 Millionen Männern genau 14 Katholiken gefunden, die den Kriegsdienst verweigert haben, aus der evangelischen Kirche sind vier Personen bekannt. Von den Zeugen Jehovas wurden 272 Männer wegen Verweigerung hingerichtet. Aus anderen freikirchlichen Gemeinschaften liegen keine Zahlen vor. Ein Gesamtüberblick ergibt sich nicht. Selbst wenn noch Dutzende dazukommen, bleibt die Zahl der Verweigerer in einer Größenordnung, die man mit der Lupe anschauen muss. Andere Formen des Widerstands gegen das NS-Regime waren um ein Vielfaches häufiger.

Umso mehr ist die Geschichte Jägerstätters zu beachten. Sein Schicksal, vor allem die frühe Nachkriegsgeschichte, beleuchtet das kollektive Bewusstsein nicht nur in der katholischen Kirche.

Als im Sommer 1945 der Pfarrer Jägerstätters, Josef Karobath, dem Linzer Diözesanblatt einen Bericht über dessen Kriegsdienstverweigerung zustellte, vermerkte der Bischof: »Der Antrag wird von mir abgelehnt. Bei aller Achtung vor der subjektiven Haltung des Mannes, kann er nicht als objektiv gültiges Vorbild für seine Haltung zum Militärdienst hingestellt werden.« 1946 wurde ein Artikel, der über Jägerstätter in der Linzer Kirchenzeitung erscheinen sollte, auf Weisung Bischof Fließers mit folgender Begründung abgelehnt: »Ich halte jene idealen katholischen Jungen und Theologen und Priester und Väter für die größeren Helden, die in heroischer Pflichterfüllung … gekämpft haben und gefallen sind. Oder sind Bibelforscher und Adventisten, die ›konsequent‹ lieber im KZ starben als zur Waffe griffen, die größeren Helden?« So wie Bischof

Fließer hielt sich ganz Österreich viele Jahre zurück, das Lebenszeugnis Jägerstätters zu würdigen. Erst nach zwanzig Jahren hat Gordon C. Zahn Franz Jägerstätter der Ablehnung seiner Landsleute, seiner Kirche und des Staates entrissen und dessen Friedenszeugnis gewürdigt. Nachdem dadurch Jägerstätter bekannt wurde und sogar der Erzbischof von Bombay ihn während des Zweiten Vatikanischen Konzils würdigte, bemächtigte sich auch die katholische Kirche Österreichs des Märtyrers und betreibt nun seine Heiligsprechung.

Inzwischen gibt es einen Jägerstätter-Beirat der Diözese Linz und ein Franz und Franziska Jägerstätter Institut an der Katholischen Privat-Universität Linz. Zur Premiere des Jägerstätter-Films Ein verborgenes Leben *im Januar 2020 war ein ausgewähltes Publikum eingeladen, was immer Oberösterreich an Honoratioren aufbieten konnte, allem voran die katholische Crème de la Crème. Selbst in Wien gibt es nun ein buntes Kirchenfenster, das Franz Jägerstätter in der neugotischen Votivkirche zeigt. Ob die Menschen nun auch über heutige Kriegseinsätze anders denken?*

Fragen wir lieber: Was ist aus den Kriegsdienstverweigerern der Zeugen Jehovas geworden? Ich habe die ungleich höhere Zahl von 272 Hinrichtungen wegen Kriegsdienstverweigerung schon genannt. Einige waren zu dieser Zeit bereits in Zuchthäusern

und KZs eingesperrt. Natürlich verweigerten Zeugen Jehovas auch in den USA den Kriegsdienst. Von den im Zweiten Weltkrieg dort inhaftierten Verweigerern waren mehr als zweidrittel Zeugen Jehovas, wenngleich nicht von der Todesstrafe bedroht.
Bei den Adventisten führte die Kriegsdienstfrage schon im Ersten Weltkrieg zur Spaltung. Bereits wenige Tage nach Beginn des Kriegs wurden die Mitglieder zum Kriegsdienst ermuntert. Für ihre Haltung galt die Formel: »Anpassen, Wegschauen, Schweigen«. Dennoch lehnten viele von ihnen den Militärdienst ab: mit Fahnenflucht, Entfernung von der Truppe, Selbstverstümmelung, Befehlsverweigerung. Auf Fahnenflucht oder Landesverrat standen schwere Zuchthausstrafen. Zwei- bis dreitausend Männer wurden aus der adventistischen Gemeinschaft ausgeschlossen. Diese formierten sich nach dem Krieg zu den sogenannten Reform-Adventisten. Im Zweiten Weltkrieg war Kriegsdienstverweigerung fast nur als Desertion möglich. Insgesamt übertrafen mit fortschreitender Dauer des Krieges die Todesurteile wegen Fahnenflucht bei weitem alle anderen Todesurteile. Von über 20.000 sind etwa 15.000 vollstreckt worden. In der Bundesrepublik Deutschland ist diese Vernunft des »kleinen Mannes« lange verkannt worden. Allein der militärische Widerstand des 20. Juli fand öffentliche Anerkennung, das hohe Risiko der Deserteure fand

dagegen überwiegend Kritik, die im Vorwurf der Feigheit gipfelte. Die drei westlichen Alliierten hingegen vollstreckten nur ein einziges Todesurteil wegen Desertion.

Die Auswirkungen beider Weltkriege lassen sich in Zahlen nicht benennen, zumal nicht die seelischen Schäden bei jenen, die zum aktiven Kriegsdienst verpflichtet wurden. Man kann ja nicht ungestraft Waffen in die Hand nehmen und sie auf den Gegner richten, ohne selbst ein anderer zu werden.

Es drängt sich die Frage auf, ob die jungen Männer, nachdem sie in Uniformen steckten und dem Drill wie dem kollektiven Sog der Wehrmacht unterlagen, sich an Gewalt gewöhnten, die gleiche Abstumpfung und den nie auszuschließenden Lustgewinn erlebten, von dem die überlieferten Dokumente des Grauens bestimmt sind. Soldatenprotokolle aus dem Zweiten Weltkrieg machten die internen Wandlungen der jungen Männer bewusst: »Am ersten Tag ist es mir furchtbar vorgekommen. Da habe ich gesagt: Scheiße, Befehl ist Befehl. Am zweiten und dritten Tag habe ich gesagt: das ist ja scheißegal, am vierten Tag, da habe ich meine Freude daran gehabt.« Von der »Chance der unbestraften Unmenschlichkeit« hat später Günther Anders gesprochen. Als Motiv reichte diese Straffreiheit völlig aus, um an allen möglichen Schandtaten teilzunehmen. Solche Erfahrungen sind schon aus Kriegsberichten des 18. Jahrhunderts bekannt; sie haben im Ersten Weltkrieg Teilnehmer wie Carl Zuckmayer oder Erich Maria Remarque außerordentlich belastet.

So wie der Episkopat im Ersten Weltkrieg nationalistisch dachte, hat er auch in der Zeit danach nicht viel dazu gelernt. Zwar gingen dem Jahr 1933 bischöfliche Warnungen und Ablehnungen voraus, nachdem aber dann das Ermächtigungsgesetz angenommen worden war, sagten die bayrischen Bischöfe in einem Hirtenbrief vom 5. Mai: »Niemand darf jetzt aus Entmutigung und Verbitterung sich auf die Seite stellen und grollen.« Und am 3. Juni waren sich alle deutschen Bischöfe einig: »Gerade in unserer heiligen, katholischen Kirche kommen Wert und Sinn der Autorität besonders zur Geltung und haben zu jener lückenlosen Geschlossenheit und siegreichen Widerstandskraft geführt, die selbst unsere Gegner bewundern.« Als dann im September 1939 der Zweite Weltkrieg begann, hieß es:

> In dieser entscheidungsvollen Stunde ermuntern und ermahnen wir unsere katholischen Soldaten, im Gehorsam gegen den Führer opferwillig, unter Hingabe ihrer ganzen Persönlichkeit ihre Pflicht zu tun.

Die Lehre der Kirche, zwischen gerechten und ungerechten Kriegen zu unterscheiden, wurde zu keiner

Zeit erörtert. Damit stellte sich für den katholischen Soldaten niemals die Frage der Wertwahl. Der deutsche Katholik, stellte Gordon Zahn fest, konnte nur zu dem Schluss gelangen, »dass die bloße Tatsache, dass der Krieg im Gange war, ihn *als Christ* zu voller Unterstützung verpflichtete, sogar bis zur Opferung seines eigenen Lebens«. Der Episkopat sah sich nie vor die Aufgabe gestellt, das NS-Regime auf die Verantwortbarkeit der gewollten Kriege zu befragen. Angesichts dieses Ausfalls der katholischen Bischöfe (die evangelische Kirche eingeschlossen) ist es umso peinlicher, dass nur Einzelne auf eigenes Risiko hin Widerspruch leisteten. Die Kirche beschränkte sich darauf, Angriffe auf ihre Rechte und ihr Eigentum abzuwehren. Nur wenn in den Augen der Hierarchie bestimmte katholische Moralgrundsätze klar missachtet wurden, gab es vereinzelt Widerspruch, wie etwa in Münster durch Bischof von Galen, der öffentlich gegen die »Vernichtung lebensunwerten Lebens« während des Dritten Reichs protestierte. Aktive Teilnahme an Hitlers Aggressionskriegen widersprach aber offensichtlich nicht diesen katholischen Moralgrundsätzen.

Es blieb also beim Widerspruch einzelner Menschen. Einsam und unverstanden gingen sie auf eigene Rechnung ihren Weg. Hinterher hat die Kirche jedoch nie gezögert, ihr Zeugnis für sich in Anspruch zu

Otto Pankok, Jesus zerbricht das Gewehr. Holzschnitt, 1950

Jesus zerbricht ein Gewehr, Symbol der Gewalt, des Krieges und des Todes. Das rückt ihn auf die Seite jener, die gegen Gewalt und Krieg aufstehen, die Stellung beziehen und die Symbole der Gewalt zerstören. Es gibt allerdings keinen größeren Kontrast zur Kreuzigung Jesu als diese Darstellung: Kein ohnmächtiger Mensch, sondern ein kraftvoller, dynamischer, entschlossener Jesus zerbricht ein Gewehr übers Knie. Kein Soldat wird es schaffen, sein Gewehr auf diese Weise zu zerstören.

Der Holzschnitt von Otto Pankok wurde zu einem zentralen Motiv der deutschen Friedensbewegung. Es widerspricht jedem Hurra-Patriotismus, der einmal schwätzen ließ: »Jeder Schuss ein Russ, jeder Stoß ein Franzos«. Und es stellt grundlegend die Frage, ob wir unsere Möglichkeiten nicht zu bereitwillig auf Waffen stützen.

nehmen. Das war im Grunde schon immer so. Mit »Heiligsprechungen« vereinnahmt man solche, die überwiegend lebenslang allein blieben. Navid Kermani hat mit dem Blick auf Franz von Assisi diese Kategorie des Einzelnen herausgestellt:

> Franziskus allein widerstand. Während die Christenheit, damit auch alles christliche Schrifttum, von der Ideologie des Heiligen Krieges erfüllt war, ist von ihm keine einzige positive Erwähnung, gar Unterstützung des Kreuzzugs bekannt. Während die Bulle Mohammed einen »Sohn des Verderbens« nennt und den Islam mit dem apokalyptischen Titel des »Tieres« bedenkt, ist von Franziskus nicht eine feindselige oder auch nur überhebliche Bemerkung über die Sarazenen überliefert. Während die christliche Welt allein zu Franziskus' Lebzeiten nicht weniger als drei Kreuzzüge gegen die Sarazenen führte, marschierte er selbst ohne Waffen, ohne jeden Schutz, auch ohne Geld oder Besitz mit nur einem, ebenfalls barfüßigem Bruder ins Lager des Sultans al-Malik al-Kamil, des Feindes und Antichristen, und rief in offenbarer Kenntnis des islamischen *Salam alaikum:* »Der Herr gebe euch Frieden.« Der Entschluss, während des Fünften Kreuzzugs auf Friedensmission in den Orient zu reisen, ist auch deshalb so bemerkenswert, weil Franziskus kein historisches Vorbild hatte — außer, in gewisser Weise, das Evangelium selbst. Franz allein war die ganze Friedensbewegung.[23]

Es sind immer auch einzelne Menschen, die die Geschichte der Welt bestimmen. Warum aber sind nicht alle gut und besonnen? Warum gibt es so viele, die nur nach Macht streben und auf Gewalt setzen?
Als Astrid Lindgren 1978 den Friedenspreis des Deutschen Buchhandels in Frankfurt erhielt, sagte sie:

> Müssen wir uns nach diesen Jahrtausenden ständiger Kriege nicht fragen, ob der Mensch nicht vielleicht schon in seiner Anlage fehlerhaft ist? Und sind wir unserer Aggressionen wegen zum Untergang verurteilt? Wir alle wollen ja den Frieden. Gibt es denn da keine Möglichkeit, uns zu ändern, ehe es zu spät ist? Könnten wir es nicht vielleicht lernen, auf Gewalt zu verzichten? Könnten wir nicht versuchen, eine ganz neue Art Mensch zu werden? Wie aber sollte das geschehen, und wo sollte man anfangen?
>
> Ich glaube, wir müssen von Grund auf beginnen. Bei den Kindern. Die jetzt Kinder sind, werden ja einst die Geschäfte unserer Welt übernehmen, sofern dann noch etwas von ihr übrig ist. Sie sind es, die über Krieg und Frieden bestimmen werden und darüber, in was für einer Gesellschaft sie leben wollen. In einer, wo die Gewalt nur ständig weiterwächst, oder in einer, wo die Menschen in Frieden und Eintracht miteinander leben.
>
> Gibt es auch nur die geringste Hoffnung darauf, dass die heutigen Kinder dereinst eine friedlichere Welt aufbauen werden, als wir es vermocht haben?

> Und warum ist uns dies trotz allen guten Willens so schlecht gelungen?
>
> Ich erinnere mich noch sehr gut daran, welch ein Schock es für mich gewesen ist, als mir eines Tages — ich war damals noch sehr jung — klar wurde, dass die Männer, die die Geschichte der Völker und der Welt lenkten, keine höheren Wesen mit übernatürlichen Gaben und göttlicher Weisheit waren. Dass sie Menschen waren mit den gleichen menschlichen Schwächen wie ich. Aber sie hatten Macht und konnten jeden Augenblick schicksalsschwere Entscheidungen fällen, je nach den Antrieben und Kräften, von denen sie beherrscht wurden. So konnte es zum Krieg kommen, nur weil ein einziger Mensch von Machtgier oder Rachsucht besessen war, von Eitelkeit oder Gewinnsucht oder aber — und das scheint das häufigste zu sein — von dem blinden Glauben an die Gewalt als das wirksamste Hilfsmittel in allen Situationen. Entsprechend konnte ein einziger guter und besonnener Mensch hier und da Katastrophen verhindern, eben weil er gut und besonnen war und auf Gewalt verzichtete.

Lindgren hat gemeint, »ob ein Kind zu einem warmherzigen, offenen und vertrauensvollen Menschen mit Sinn für das Gemeinwohl heranwächst oder aber zu einem gefühlskalten, destruktiven, egoistischen Menschen, das entscheiden die, denen das Kind in dieser Welt anvertraut ist, je nachdem, ob sie ihm zeigen, was Liebe ist, oder aber dies nicht tun«. Sie setzt damit sehr stark auf elterlichen und pädagogischen Einfluss. Auch künftige Politiker würden zu Charakteren geformt, noch bevor sie das fünfte Lebensjahr erreicht haben, meinte sie und fand, dass die Methoden der Kindererziehung früherer Zeiten allzu häufig den Willen des Kindes mit physischer oder psychischer Gewalt brechen wollten.

»Wer den Stock schont, verdirbt den Knaben«, hieß es schon im Alten Testament, und daran haben über die Zeiten hin die meisten Väter und Mütter geglaubt. Sie und mit ihrer Zustimmung auch die Lehrer haben oft maßlos geprügelt und mit der Bibel gemeint, so ihre Kinder zu lieben. Man müsste wissen, wie denn die Kindheit all dieser Menschenschinder ausgesehen hat, von denen die Geschichte voll ist.

Dennoch glaube ich nicht, dass eine liebevoll erlebte Kindheit bereits die Lösung ist. Ich möchte nicht unterstellen, dass die deutschen Bischöfe kein liebevolles Elternhaus erlebt haben. Aber als sie 1939 nach dem »Sieg über Polen« die Kirchenglocken läuten ließen, unterließen sie es, entsprechend ihrer Lehre die Frage nach dem »gerechten Krieg« zu stellen. Stattdessen betonten sie in ihren »Hirtenworten« die Notwendigkeit des »Opfers« wie des »Gehorsams«, Vokabeln, die ihnen allzu vertraut waren, um sie noch infrage stellen zu können und mit denen sie ihre Kriegsassistenz für einen bewaffneten »Kreuzzug gegen die gottlosen Bolschewismus« verbanden. Das heißt, im Ursinn des Wortes *kat'holon,* »allumfassend«, waren sie nicht einmal »katholisch«, sondern deutschnationalistisch. Sie hatten aus ihrer kirchlichen Mentalität inneren Anteil am soldatischen Gehorsamsdenken des NS-Staates. Sie waren zur Anpassung erzogen worden, darum war das Mitmachen und Schweigen das ihnen Gemäße, keineswegs die Bereitschaft zum Widerspruch. Am Tag seiner Bischofsweihe verkündete der Erzbischof von Paderborn, Lorenz Jaeger: »Soldatische und priesterliche Haltung stehen sich innerlich näher, als Außenstehende ahnen. Dort wie hier ist Voraussetzung: selbstloser Dienst, vorbehaltloser Einsatz, Bewährung aus letzter Verpflichtung heraus, *Treue bis in den Tod.*«

Albert Schweitzer zog das Resümee: »Was das Christentum als Religion der Liebe geleistet hat, gilt als ausgelöscht dadurch, dass es nicht stark genug war, die christlichen Nationen zur Friedfertigkeit zu erziehen, und dass es im Kriege sich noch mit so viel weltlicher und hässlicher Gesinnung vergesellschaftete, ja heute noch nicht von ihr losgerissen hat. In grausiger Weise ist es dem Geiste Jesu untreu geworden ... Wir sind so tief gefallen, weil wir es uns zu leicht vorstellten, den Geist Jesu zu besitzen.«[24]

Der säkulare Mensch, Sokrates und Jesus von Nazaret

Die Inkarnation Gottes in Jesus von Nazareth gilt bis heute als der Kern des christlichen Glaubens. An jedem Weihnachtsfest wird die »Menschwerdung Gottes« gefeiert, eine irritierende Formel.

»Mach's wie Gott, werde Mensch!« Seitdem der ehemalige Bischof von Limburg, Franz Kamphaus, diesen Slogan in einer Weihnachtsansprache benutzt hat, geht die Rede immer weiter. Sie hat einen modernen Touch, bleibt aber nebulös. Dass Gott einen Sohn brauchte, der dann die Menschen durch seine Hinrichtung erlösen soll, nennt der US-amerikanische Autor und Pulitzer-Preisträger Ayad Akhtar, ein Moslem, eine gigantische Fehlinterpretation, die sich auf eine ontologische Absurdität stützt.

Hier ist es hilfreich, nochmals bei Meister Eckhart nachzuschauen. Im Gegensatz zur regulären Lehre, ist für ihn die Menschwerdung Gottes kein einmaliges Ereignis, sondern etwas, das auch ein Moslem oder Buddhist annehmen kann, weil es die göttliche Bestimmung eines jeden Menschen berührt:
»Der Vater gebiert seinen Sohn ohne Unterlass [...] Er gebiert mich als seinen Sohn und als denselben

Sohn«. Eckhart sagt, Gott sei nicht nur »dort« Mensch geworden, als Jesus von Nazaret, sondern »hier wie dort« ..., »und er ist aus dem Grunde Mensch geworden, dass er auch dich als seinen eingeborenen Sohn gebäre und als nicht geringer«.[25]
Der Allgemeingültigkeit eines göttlichen Logos widerspricht eine partikuläre Ausnahme. Meister Eckhart hebt darum diese Differenz auf:
»*Alles*, was die Heilige Schrift über Christus sagt, das bewahrheitet sich völlig an jedem guten und göttlichen Menschen.«

Man muss Eckharts Sätze mit Bedacht wiederholen: Gott sei nicht nur »dort« Mensch geworden — in Jesus von Nazaret —, sondern »hier wie dort«. Das heißt »dort, in dem einen« Menschen Jesus von Nazaret, und »allerorten«, in den ungezählten weiteren Menschen. Eckhart versteht die »Menschwerdung Gottes« in der Tiefe der »Seele« als »nicht geringeres« Geschehen.
Er nimmt die »Gottheit Christi« nicht mehr partikularistisch, sondern erhebt sie in der Metapher von der Geburt Gottes in jedem Menschen in eine Allgemeingültigkeit. Für Eckhart ist die Gottesgeburt im Menschen das zentrale Motiv seines Denkens und zugleich Ziel jeder menschlichen Existenz.

Diese Sätze Eckharts haben Sprengkraft. Sie führen dazu, wieder kritisch und säkular zu denken. Da die

Kirchen in Glaubensfragen nur den alten Formelbestand beschwören, kann ein spirituell sensibler Mensch sich auf Eckharts Spuren aus dieser Immobilität lösen. Die Frage ist nicht, ob die Kirche(n) mich als Christ gelten lassen, sondern ob ich den himmlischen Überbau des Christentums für mich noch in Anspruch nehme. Dass ich Trinität, Transsubstantiation, Jungfrauengeburt und päpstliche Unfehlbarkeit aufgebe, gehört zu jener Aufräumarbeit, ohne die keine Glaubwürdigkeit wiederhergestellt werden kann. Zu warten, bis »die Kirche« selbst eine solche Reformation beginnt, heißt auf den Sankt-Nimmerleins-Tag zu warten. Sie hat sich ja durch viele ihrer Dogmen gegen den Geist der Aufklärung abgeschottet und sitzt nun im selbst gewollten Getto gefangen. Nur ein Systembruch kann sie retten. Also tue ich, was in meinen Kräften steht, und stifte zu eigenem Denken an. Ich bin bereit, Gegenentwürfe zu bedenken, ermutige zugleich, das jesuanische Erbe nicht aufzugeben, sondern neu zu durchdenken.

Was ist für dich ein Christ?

Man sagt, Christ sei jemand, der getauft und damit der Kirche eingegliedert wurde. Aber diese Art Christlichkeit war dem dänischen Philosophen Sören Kierkegaard suspekt. »Wenn alle Christen sind, ist keiner Christ« hat er gesagt.

In der Vergangenheit war jedermann Christ. Die Taufregister waren zugleich Geburtsregister. Und weil das Christliche so selbstverständlich und wohlfeil wurde, begegnet »das Christliche« auch so gewöhnlich und alltäglich als Attribut in allen möglichen kulturellen, sozialen und politischen Verbindungen. Wie möchtest du dich von diesem Überall-Christentum unterscheiden?

Auch wenn der Begriff ungewohnt ist, verstehe ich mich eher als »Jesuaner«. Das Jesuanische im Christentum kann ich säkular in Anspruch nehmen. Für den dogmatisch übermalten Christus gilt das nicht. Der »Christus« ist eine Kunstfigur. Ihn braucht die Kirche für ihre eigene Repräsentation, für Herrschaft und Glanz. Eine historische Gestalt wie den armen Jesus von Nazaret kann ich als moderner Mensch als Maßstab anerkennen. Mit ihm bleibe ich im Geschichtlichen und Humanen. Aber ich verzichte auf alle Vergoldung und Vergöttlichung.

Was interessiert dich an Jesus von Nazaret?

Sein Lebensprogramm. Er nannte es Reich Gottes. Wer säkular geprägt ist, könnte diese Formel ablehnen. Aber Jesus meinte damit kein Jenseits, sondern verstand darunter eine fundamentale, radikale und utopische Position gegenüber den damals herrschenden Verhältnissen. Als nach seinem Tod, Jahrzehnte später, die Evangelien entstanden, verschob sich der Begriff Reich Gottes zu Anschauungen über die »letzten Dinge« und das »Ende der Welt«. Jesus vertrat noch keine apokalyptische Intervention Gottes innerhalb des Weltgeschehens. Dies wäre ein Konstrukt, das dem Menschen die Handlungsebene entzieht, denn das Reich Gottes braucht eigenständiges und verantwortliches Handeln der Menschen. Jesus vertraute der Überzeugung, dass jeder, der »Gottes Willen«, wie er ihn auslegte, tut, unter allen Umständen am Reich Gottes Anteil hat. Für ihn ist es keine Theorie der Zukunft, kein jenseitiger Ort nach dem Tode, sondern Gegenwart, die sich hier und heute als Aufgabe stellt.

Aber hat nicht das Christentum die Inhalte des Glaubens anders festgelegt? Erbsünde, eine Verlorenheit, aus der sich der Mensch nicht selbst befreien kann, Erlösung durch den Kreuzestod Jesu, Auferstehung, Kirchenstiftung, Trinitätslehre, Transsubstantiation … und vieles mehr, davor, dazwischen, danach. Die von »Christus eingesetzten Nachfolger der Apostel« ahndeten bereits jede Lehrabweichung mit äußerster Strenge, obwohl doch am Anfang vor dem Anfang ganz ungewöhnliche Abweichler standen: Johannes der Täufer und Jesus; auch Paulus war Nonkonformist. Alle starben durch Hinrichtung.

Was die Evangelien als historische Erinnerung an Jesus bewahren, ist zwei bis drei Generationen später nur noch unscharf verfügbar. Vor allem haben sich die Milieus gewandelt, in denen sich die Jesusnachfolge entwickelte. Was sich noch in den Dörfern Galiläas abspielte, ist bereits unendlich weit hinter dem Geschehen in den hellenistischen Städten – wie es Paulus initiierte – zurückgeblieben. Paulus war ein Städter. Er dachte abstrakt und intellektuell; die Anschaulichkeit des historischen Jesus hat er nie erreicht. Die Gleichnisse Jesu, deren literarische Prägekraft war ihm nicht gegeben. Er hat wohl auch keine nähere Kenntnis der Gleichnisse Jesu gehabt und erst recht kein Verhältnis dazu. Solche Geschichten wie die vom »barmherzigen Samariter« oder vom »verlorenem Sohn«, die Gleichnisse vom »Festmahl für alle«, die Worte der Bergpredigt ... sie haben sich in das Gedächtnis der Welt eingeprägt. Es sind Texte, die auch zu säkularen Menschen sprechen. Ihre Botschaft bleibt gültig. Noch mehr: sie widerlegen die Erlösungslehre des Paulus.

Du nimmst diese Jesusüberlieferungen geschichtlich und profan?

In meiner Kindheit wurde das verlesene Evangelium mit dem Vers abgeschlossen: »Das sind die heiligen Worte, durch deren Kraft uns Gott Gnade und Verzeihung unserer Sünden verleihen wolle.« Eine magische Formel. Ich sakralisiere die biblischen Texte nicht. Ich sage auch nicht »Wort des lebendigen Gottes«. Ich lese die Bibel mit Verstand und Bedacht. Wenn ich sie vorlesen würde, wäre es mir wichtig, dem Text Raum zu verschaffen; ihn nicht »herunterzulesen«, sondern den Worten Stille und Hörbereitschaft zu ermöglichen. Wenn ich sie auslegen müsste, würde ich sachgemäß damit umgehen, wie es sich für den Umgang mit Literatur insgesamt ziemt.

Ein sachgemäßer Umgang mit biblischen Lesungen würde aber auch irritierende Erkenntnisse vermitteln. Seit weit mehr als zweihundert Jahren werden die Ergebnisse der historisch-kritischen Forschung in ihren Konsequenzen verharmlost, vertuscht oder verschwiegen. Im Theologiestudium werden sie dogmatisch passend geredet. Auf der Kanzel werden sie übergangen, weil sie Unruhe schaffen. Wer hört denn schon mal eine Weihnachtspredigt, die Lk 2 als Legende auslegt, oder eine Osterpredigt, welche die Auferstehung »Christi« als historisches Geschehen bestreitet? Wer predigen muss, weiß nicht, wie er die exegetischen Erkenntnisse weitergeben kann, ohne das dogmatische Lehrgebäude einzureißen. Seit der Aufklärung herrscht immer noch Schockstarre, die alle Lernprozesse blockiert. Nach wie vor bleiben selbst unbezweifelbare Ergebnisse der Bibelwissenschaften dem Dogma untergeordnet.

Der sogenannte »Glaube« weigert sich, die Ergebnisse historischer Forschung anzuerkennen. Immer noch sollen die in den Evangelien gesammelten Erzählungen »wirklich geschehen« sein. Als sei Jesus von Nazaret in Bethlehem geboren und die drei »Weisen« tatsächlich zu König Herodes gekommen (sodass man das Spiel spielen kann, diese fiktiven Gestalten ruhten nun tatsächlich in einem goldenen Schrein im Dom zu Köln). Auch soll bereits der historische Täufer Jesus als »Lamm Gottes« bezeichnet haben. Und die Heilungswunder, Totenerweckungen und das »letzte Abendmahl« seien so geschehen wie geschildert. Selbst für die »Auferstehung« und »Himmelfahrt« bürge das Neue Testament mit glaubwürdigen Zeugen. Man historisiert die Legende und verstrickt sich in ein Konglomerat aus Fiktion und Dogma.

Nun ist es aber auch wirklich schwierig, diese alten Texte, die legendarisch, mythisch und historisch ineinander verwoben sind, modernen Menschen verständlich zu machen. Das müsste praktisch eingeübt werden, vor allem im Theologiestudium. Du hast es erprobt, hast eine »Religiöse Sprachlehre«[26] *geschrieben und »klugen Kindern« eine ungewöhnliche Bibel gewidmet*[27]*. Aber diese Form sprachlicher Erschließung und Vermittlung mythischer oder literarischer Texte wird weiterhin gemieden, also auch nicht beherrscht.*

Das vermehrt die sprachliche Ohnmacht gegenüber der biblischen Tradition und dem christlichen Glauben. Wenn eine Tradition in ihren Metaphern und Symbolen nicht mehr verstanden wird, stirbt sie. Die Evangelien haben es vor allem mit Legenden zu tun. Das heutige Denken assoziiert »unwahre Geschichten«, obwohl es sich um eine erzählerische Form von »Nachfolgegeschichten« handelt, während die »Urgeschichten« der Genesis mythisch geprägt sind.

Aber vom Mythos und Mythen in der Bibel zu sprechen, irritiert viele oder weckt gleich Empörung.

Leider meiden es Theologen, einen Mythos auch Mythos zu nennen. Ein Beispiel bietet die Paradieserzählung und was darauf folgt. Weil man diese Geschichten naiv verstand, entwickelte sich daraus eine Sündenlehre, die göttliche Erlösung bedinge. Dann kam Augustinus und wollte wissen, dass infolge des Sündenfalls jeder Mensch mit der Erbsünde geboren werde. Er verband damit eine vorbestimmte Verdammung oder Seligkeit des Menschen. Und dass der erbsündliche Mensch sich von seiner tödlichen Schuld nicht selbst befreien könne.

Da muss ich noch einmal auf den »Grundlagentext« zum Reformationsjubiläum 2017 zurückkommen, den die Evangelische Kirche in Deutschland (EKD) wieder auffrischen wollte:

> »Wenn der Mensch allein aus Gnade gerechtfertigt wird, dann können seine Werke keine, auch nicht die geringste Rolle spielen ... Der Mensch muss sich Gottes Gnade gefallen lassen, er muss aushalten, dass er selbst nichts zu seiner Rechtfertigung beitragen kann.«

Diese zunächst von Paulus in die Welt gesetzte Lehre ist ein Mythos, von Augustinus, Luther, Zwingli und Calvin weitergeführt, ohne dass auch nur einer in der Reihe dieser Theologen gesagt hätte, woher sie das wissen, was sie zu wissen behaupten und zur Grundlage ihrer Theologie machen. Heute bleibt nur ein Schutthügel geistiger Einstürze, welche die Autorität der kirchlichen Lehrämter infrage stellen, den Abstand zum noch vorhandenem Kirchenvolk vergrößern und zugleich auch die Ratlosigkeit der Prediger mehren, ihre Lehre vermitteln zu können.

Einem säkularen Christentum können die kirchlichen Altlasten nicht gleichgültig sein. Wer sie nicht neu durchdenkt, hängt das Christentum ab. Die Religionsgeschichte lehrt vielfach, wie jahrtausendealte Religionen den Gesetzen ihres Verfalls und Sterbens unterliegen. Wenn die christliche Lehre ohne Nachfrage bleibt, steht keineswegs eine neue Religion bereit.

Den meisten sind solche Fragen zu grundsätzlich. Sie befassen sich mit den aktuell diskutierten Konflikten:

Ob Frauen zu kirchlichen Ämtern zugelassen werden, der Zölibat aufgehoben wird, der Missbrauchsskandal eine angemessene Befriedung findet …

Peripher sind diese Fragen auch nicht. Die Ausgrenzung der Frau ist nicht nur eine empörende Diskriminierung, es ist auch eine historisch-kritisch längst widerlegte Behauptung, wenn Kardinal Woelki sagt: »Der Stifterwille Jesu lässt uns keine Vollmacht und Handhabe, Frauen zu weihen.« Dahinter steckt ein Bündel kirchlicher Interessen, auch exegetische Unkenntnis und nicht zuletzt die übliche Unwahrhaftigkeit, mit Redensarten vom »Stifterwillen« sich selbst als gebunden darzustellen, als sei der Sachverhalt klar und durch göttliche Offenbarung vermittelt. Jesus hat das »Reich Gottes« verkündet, ohne jeden »Stifterwillen«. Über seinen plötzlichen Tod hinaus hat er keine Vorsorge getroffen. Worte, die dagegenstehen, wurden zwei, drei Generationen später geschrieben, aus der Interessenlage des danach Gewordenen. Wer heute noch einen »Stifterwillen« unterstellt, braucht dieses Konstrukt für den eigenen Machterhalt. Es gibt dafür keine sachhaltige Legitimation.

Könnten Frauen in die kirchliche Ämterordnung eintreten, käme die Dominanz der Männer an ihr Ende und in der Folge auch der Pflichtzölibat.

Wichtiger ist — auf allen nur denkbaren Ebenen — die Frage nach der Wahrhaftigkeit. Zwar braucht die Kirche einen »Stifterwillen«, um ihre gewordene Gestalt behaupten zu können. Aber dass Jesus das Priestertum »eingesetzt« habe, ist nicht zu belegen. Jesus hat überhaupt kein Priestertum »eingesetzt«, weder ein exklusives für Männer noch eins für Männer und Frauen. Jesus hatte alle nur denkbare Distanz zum Tempelpersonal. Wer »Priester« sagt, denkt an »Opferkult« und Vermittlung. Beim christlichen Priestertum handelt es sich um Entwicklungen einer späteren Zeit, die Jesus unbekannt waren. Dennoch die Geschichte passend zu schreiben, beschädigt die Wahrhaftigkeit der Institution.

Was einmal als Wahrheit in Anspruch genommen wurde, ist in die Relativierung des geschichtlichen Denkens geraten. Es war Cyprian (ca. 210–258), der Bischof von Karthago, der zum ersten Mal den Presbyter als sacerdos *bezeichnete. Presbyter ist der »Älteste«, der aber niemals als Ältester alleine die Gemeinde leitete, sondern immer in einem Ältestenkollegium. Zunächst wurden die Begriffe »Ältester« und »Bischof« noch synonym gebraucht. Diese Entwicklungsprozesse zu unterschlagen, um Jesus gleich mit der »Einsetzung des Priestertums« zu verbinden, ist Geschichtsklitterung.*

Unsauberes Denken begegnet nicht nur hier. Kommt nicht auch der naturwissenschaftliche Faktor hinzu? Was wir inzwischen von der Evolution des Weltalls und des Lebens wissen, verändert doch nicht minder das gesamte Glaubensgebäude.

Die Mehrzahl der heutigen Astrophysiker neigt dazu, einen offenen Kosmos anzunehmen, der sich endlos weiter ausdehnt. Dann würden sich die Galaxien irgendwann von der Anziehung, die sie heute noch aneinanderbindet, befreit haben und ins Unbegrenzte weiter fliehen. Falls dies geschieht, lässt sich diese ultraferne Zukunft so beschreiben: Nach den bisher verflossenen 13,7 Milliarden Jahren und weiteren 10 Milliarden Jahren werden die meisten der »jetzt« in der Milchstraße leuchtenden Sterne erloschen sein. Unsere Sonne hat schon in rund fünf Milliarden Jahren ihren Brennstoff verbraucht. Dann wird auch alles Leben auf der Erde vorbei sein.

Ein ganz anderes Ende ist denkbar, wenn die Anziehungskräfte im Universum irgendwann stärker sein sollten als die Urknallkraft, die ja bis heute die Galaxien auseinandertreibt. In diesem Fall kann in vielleicht achtzig Milliarden Jahren die Ausdehnung des Universums zum Stillstand kommen. Danach würde es sich wieder zusammenziehen, bis es jenen Zustand erreicht, aus dem es auch hervorgegangen ist:

Der nächste Urknall stünde an, und daraus ginge das nächste Universum hervor.

Lässt sich mit einem offenem Universum oder einem pulsierenden Universum noch eine Sinnfrage verbinden? Und hat es irgendeine Relevanz, mit diesem ungeheuerlichen Kosmos und seinem Ende noch den Pantokrator Christus zu verbinden?

Wenn man diese Frage stellt, muss man sich wundern, dass die kirchliche Dogmatik Sachverhalte über Gott, Himmel und Hölle, das letzte Gericht und vieles mehr in Anspruch nimmt, über die es kein Wissen gibt. In Wirklichkeit liegt der Mensch nur dort richtig, wo er sich den verbreiteten Täuschungen und Selbsttäuschungen bewusst entzieht, um nicht das willige Opfer von Illusionen zu sein. Wenn Religionen hier Antworten haben, können es nur Drogen sein, die narkotisieren, um die Realität auszublenden. Ist das Christsein eines Menschen überhaupt von der Zustimmung zu bestimmten Glaubensartikeln abhängig?

Ich stelle mir manchmal vor, Sokrates sei mit solchen Fragestellungen befasst. Der Römer Cicero, der ein Kenner der griechischen Philosophie war, sagte, Sokrates habe die Philosophie als Erster vom Himmel auf die Erde gerufen. Kennzeichnend war sein bohrendes Bemühen, den Dingen auf den Grund zu gehen und sich nicht mit dem Vordergründig-Augenschein-

lichem zufriedenzugeben, sondern den »besten Logos« zur Sprache zu bringen.
»Ich weiß, dass ich nicht weiß« lautet Sokrates verkürzende Formel, die ihn charakterisiert. Für sein Denken und Reden gilt erzwungener Verzicht, während die christliche Dogmatik nicht ausschweifend genug sein kann. Sie weiß allzu viel von Gott, was er will, was er sieht und was er kann. Dass er »drei Personen« in einer Wesenheit ist und noch viele solcher Dinge mehr, die als »Offenbarung« gelten sollen, obwohl sie sehr menschlich erstritten und hart durchgesetzt worden sind.

Im sokratischen Gespräch hat die Frage den Vorrang. Die Antwort provoziert die nächste Frage, und auf diese Weise kommt die dialogische Untersuchung in Gang. Durch Fragen also und nicht durch Dekretieren und Belehren des anderen soll Einsichtsfähigkeit und zugleich ein Wissen um ein Nicht-wissen-Können geweckt werden.

Es hat oft den Versuch gegeben, Jesus und Sokrates zu vergleichen.

Diese Versuche bleiben grundsätzlich in der Schwebe. Weder Sokrates noch Jesus haben je etwas geschrieben. Beide sind die niemals enträtselten Gestalten der Geschichte. Sokrates hat seine Deutung durch die philosophischen Interessen Platons und Xenophons gefunden. In der »Apologie des Sokrates« und im »Kriton« begegnen wir zunächst dem Genie des Platon, Sokrates zur Stimme seiner eigenen Philosophie zu machen, doch sind wir in diesen Dialogen dem »historischen Sokrates« wahrscheinlich näher als in anderen Arbeiten Platons. Sie beschreiben Sokrates als einen Lehrer, der im Eingeständnis seines Nichtwissens das eigentliche Kennzeichen aller Menschen sieht. Sein zweites Charakteristikum ist das gelassene Erwarten des Todes als der Grenze, über die hinaus niemand zu schauen vermag. Er steht aber bereit, dieses Schicksal mit ganzem Einverständnis und sogar voll Dankbarkeit anzunehmen. Und als drittes fühlt er sich gebunden an die Grundlagen seiner bürgerlichen, sozialen, weltanschaulichen und religiösen Existenz. Er unterstellt sich bereitwillig der staatlichen Oberhoheit, auch wenn diese ihn gerade zum Tode verurteilt hat.

Manche wollen den bereitwilligen Tod Jesu und den des Sokrates miteinander vergleichen. Aber darüber wissen wir nichts. Irritierend könnte sein, dass Jesus vom »Letzten Gericht« in einer Weise gesprochen hat, als verfüge er über ein Wissen, das Himmel und Erde umspannt. Sokrates hingegen steht zu seinem Nicht-Wissen.

Die synoptischen Traditionen vom »Weltgericht« verdanken sich einerseits der jüdischen Tradition, andererseits den Mahnungen zur Eigenverantwortlichkeit des Menschen. Wir müssen sie nicht als »Voraussagen« der Zukunft verstehen. Die Zerstörung Jerusalems im Jahre 70 wird — *nachdem* sie geschehen war — spekulativ für weitere Endzeit-Ansagen in Anspruch genommen und Jesus unterstellt. Die damit verbundenen Gerichtsvorstellungen haben bereits frühe ägyptische Vorbilder, die sich in Metaphern und Bildern der Seelenwaage darstellen. Ein »Wissen« ist für dies alles nicht in Anspruch zu nehmen, wohl aber ein Ernstnehmen des gelebten Lebens in Erwartung einer letzten Verantwortung.

Und Sokrates?

Als Sokrates einst nach Delphi kam, war er kühn genug, das dortige Orakel zu befragen, ob jemand weiser sei als er — einschränkend sagt er: Macht keinen Lärm, ihr Männer!

> Da tat nun die Pythia den Spruch, es sei niemand weiser als ich … Ich machte mich an einen der im Rufe der Weisheit stehenden Männer heran, einen Staatsmann, um in ihm womöglich den lebendigen Gegenbeweis gegen den Spruch des Gottes zu finden und dem Orakel darzutun: siehe, dieser da ist weiser als ich, und du hast doch mich dafür erklärt. Bei näherer Betrachtung dieses Mannes nun und im Gespräch mit ihm … erhielt ich den Eindruck, dieser Mann komme zwar vielen anderen Menschen und am allermeisten sich selbst weise vor, sei es aber durchaus nicht. Darauf suchte ich ihm denn klarzu-

Sokrates, römische Kopie eines griechischen Originals, 1. Jh., Louvre, Paris

Wenn einer des Sokrates Reden anhören will, so werden sie ihm anfangs ganz lächerlich vorkommen, in solche Worte und Redensarten sind sie äußerlich eingehüllt, wie in das Fell eines frechen Satyrs.

Denn von Lasteseln spricht er, von Schmieden, Schustern und Gerbern, und scheint immer auf dieselbe Art nur dasselbe zu sagen, so dass jeder unerfahrene und unverständige Mensch über seine Reden spotten muss. Wenn sie aber einer geöffnet sieht und inwendig hineintritt: So wird er zuerst finden, dass diese Reden allein inwendig Vernunft haben, und dann dass sie ganz göttlich sind und die schönsten Götterbilder von Tugend in sich enthalten und auf das meiste von dem oder vielmehr auf alles abzwecken, was dem, der gut und edel werden will, zu untersuchen gebührt. *Platon, Symposion 221d–222a* machen, er bilde sich zwar ein, weise zu sein, ohne es zu sein. Die Folge davon war, dass ich mich ihm sowie vielen anderen, die dabei waren, verhasst machte; bei mir selber aber dachte ich im Weggehen: »Diesem Mann bin ich allerdings an Weisheit überlegen; denn wie es scheint, weiß keiner von uns beiden etwas Rechtes und Ordentliches, aber er bildet sich ungeachtet seiner Unwissenheit ein, etwas zu wissen, während ich, meiner Unwissenheit mir bewusst, mir auch nicht einbilde, etwas zu wissen.« Darauf wandte ich mich an einen anderen, an einen, der für noch weiser galt als jener, und der Eindruck war ganz der nämliche. So machte ich mir auch ihn zum Feinde und noch viele andere.[28]

Eine solche Rede ist mit Jesus nicht zu verbinden.

Ein Vergleich zwischen Jesus und Sokrates ist jedoch schwieriger, als zu vermuten: Von Sokrates hat niemand je etwas anderes gesagt, als was man von Menschen sagen kann. Sokrates bleibt vollständig im Bereich menschlicher Maßstäbe. Für Jesus wird hingegen »Analogielosigkeit« behauptet: Dieser »Jesus« ist »Gott«, was immer man sich darunter vorstellen mag, und er ist es als absolut einziger unter den Menschen. Der Begriff »Gottmensch« bleibt allein auf ihn anwendbar: das jedenfalls ist der Glaube der kirchlichen Tradition von frühen Anfängen bis in die Gegenwart.

Wie kam es dazu? Es ist ja eher unverständlich, den einfachen Wanderlehrer aus Nazaret zum »Sohn Gottes« zu machen.

Man muss natürlich wissen, woher der Sohn-Gottes-Titel kommt. Ursprünglich galt er dem ägyptischen König, der durch seine Inthronisation zum »Sohn Gottes« wurde. Dieses Ritual übernahmen die davidischen Könige von Ägypten. Bei ihrer Weihe sang der Chor den Psalm 2: »Mein Sohn bist du, heute habe ich dich gezeugt.« Später wurde der Sohnes-Titel auch auf andere bedeutende Menschen übertragen.

So verstanden, ist der Titel »Sohn Gottes« eine Metapher. Als Metapher aber wird er in der kirchlichen Dogmatik gerade nicht benutzt.

Es ist das Elend der kirchlichen Dogmatik, kein Verständnis für Sprache zu haben. Metapher und Symbol »wörtlich« zu nehmen, die Legende zu historisieren, führt zu Unverständnis und Glaubensverweigerung.
Jesus erfuhr schon bald seine Interpretation durch hellenistisches Denken, das seine historische Existenz kaum noch wichtig nahm. Jesu Herkunft und Botschaft, die er lebte und lehrte, wurde durch eine mythische Deutung seiner Person überdeckt. Die Benennung als »Messias« oder »Christus« enthob ihn bald der Geschichte. Erzählungen meist legen-

darischen Charakters durch Markus, Matthäus, Lukas und Johannes, Decknamen für unbekannte Autoren, die den historischen Jesus selbst nicht mehr gekannt haben, überlieferten Material, das den originären Jesus nur noch vage rekonstruieren lässt.

Für ein säkulares Denken ist der unter dem Schutt kirchlicher Zeiten begrabene Nazarener erst wieder durch die letzten zweihundertfünfzig Jahre Forschung freigelegt worden: ein bäuerlicher junger Mann, der sich in der kurzen Zeit seines Lebens in den Weilern Untergaliläas als Wanderlehrer aufhielt. Jesus vertraute der Überzeugung, dass jeder, der das Gebot der Liebe befolgt, am Reich Gottes Anteil hat.

Wenn ich meine religiöse Unterrichtung bedenke, lässt sich Jesus mit niemandem vergleichen, auch nicht mit Sokrates.

Konzentrieren wir uns auf die Kernaussage, so ist er der Salvator mundi, Erlöser der Welt, der Heiland. »Menschen, die ihr wart verloren, / lebet auf, erfreuet euch! / Heut ist Gottes Sohn geboren, / heut ward er den Menschen gleich. / Lasst uns vor ihm niederfallen, / ihm soll unser Dank erschallen: / Ehre sei Gott, Ehre sei Gott, / Ehre sei Gott in der Höhe!«

Die christliche Theologie ist der Ansicht, die Erlösung des Menschen verdanke sich einmaligen historischen Ereignissen, der Menschwerdung, dem

1

2

Bereits 1.500 Jahre vor Christus wurde in den Tempeln Ägyptens die Geburtsgechichte des Gottessohnes erzählt:

1. Der Gott Amun verkündet im Himmel seinen Plan, einen neuen König zu zeugen, dessen Vater er sein will. Die Federnkrone kennzeichnet Amun als Gott des Geistes. Der ibisköpfige Götterbote Thot führt Amun zur Königin. Sie ist eine junge Frau und hat noch keinen Mann erkannt. *»Sie war verlobt mit einem Mann aus dem Hause David. Der Name der Jungfrau war Maria.« (Lk 1,27) – »Er wird Sohn des Höchsten genannt werden« (Lk 1,32).*

2. Himmlische Vorwegnahme: Zwei Genien heben das sitzende Paar auf eine höhere Ebene. Amun und die Erwählte berühren einander leicht mit den Händen. Amun hält das Lebenszeichen in den Atem der Frau und legt es zugleich in ihren Schoß. *»Heiliger Geist wird über dich kommen ... Deshalb wird auch das Kind heilig und Sohn Gottes genannt werden.« (Lk 1,35)*

3. Nun beauftragt Amun den Schöpfergott Chnum, das göttliche Kind zu bilden.

5

6

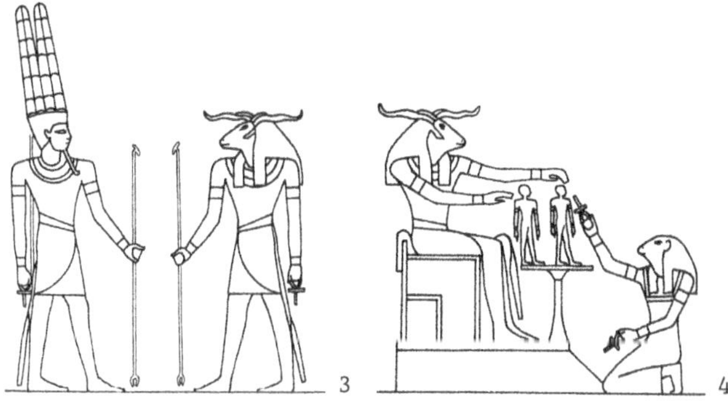

4. Chnum bildet auf der Töpferscheibe das zu gebärende Kind und seine Seele. Die froschköpfige Geburtsgöttin Heket spendet dem Kind das Leben. (Lk 1,26 ff.)

5. Der Botengott Thot verkündet der jungen Königin die Mutterschaft. *Ähnliche Botschaft verkündet der Engel Gabriel: »Gegrüßest seist du Maria ... Der Herr ist mit dir und gebenedeit ist die Frucht deines Leibes.« (Lk 1,26)*

6. Die Königin, deren Schwangerschaft das Bild äußerst zart andeutet, wird von Chnum und Heket zur Geburt geleitet.

7. Stolz hält die Königin den erstgeborenen Sohn in ihren Armen. Eine Amme will das Kind zur Pflege in Empfang nehmen. *»Und sie gebar ihren Sohn, den Erstgeborenen« (Lk 2,7)*

8. Hathor, die Göttin der Liebe, stellt Amun den neu geborenen Gottkönig vor, und Amun erkennt ihn als seinen Sohn an. Er ist »König auf dem Thron des Horus« ewiglich. *»Er wird über das Haus Jakob in Ewigkeit herrschen und seine Herrschaft wird kein Ende haben.« (Lk 1,33)*

Kreuzestod Jesu und seiner »Auferstehung«. Wenn wir jedoch bedenken, dass Gott *Logos* ist, was Allgemeingültigkeit einschließt, wie kann dann von einem versteckten historischen Vorgang vor knapp zweitausend Jahren das Schicksal der gesamten Menschheit abhängig sein? Dem widersprechen zunächst die verzerrten zeitlichen Dimensionen. Der Homo sapiens mag die Erde seit etwa 160.000 Jahren bevölkern; er ist allerdings in Afrika seit rund 300.000 Jahren fossil belegt. Frühere Menschenarten gehen bis zu drei Millionen Jahre vorauf. Da nimmt sich das Erlösungsgeschehen »in Christus« doch recht verspätet aus und lässt jede Plausibilität vermissen. Für evolutionäre Vorgänge ein unpassender Mythos.

Mir leuchtet ein, was du sagst. Wer heute etwas über den Menschen und seine Herkunft sagen will, muss Auskünfte darüber nicht in theologischen Büchern suchen, sondern die biologische Evolution des Lebens studieren.

Was diese Evolution über Tausende von Generationen zum Homo sapiens entwickelte, wuchs sich seit etwa 40.000 Jahren zu einer Störung des Lebens aus, die inzwischen jeden Winkel des Planeten ausfüllt, und noch weiß niemand, ob die Menschheit mitsamt ihrer Biosphäre diese Störung überlebt. Wir sprachen schon davon, dass zunächst die Jäger in

Europa, selbst in Amerika, prähistorische Großtiere ausrotteten. Danach begann eine Landwirtschaft, die anfangs nur im Schneckentempo vorankam. Urwälder wichen Weiden und Äckern. Aber im Lauf der Jahrtausende, in denen die Menschheit zur sesshaften Lebensweise überging, entstanden Überweidung, Biotopzerstörungen, Bodenerosionen, was mit Hilfe von Bewässerungsanlagen, Kunstdünger, schließlich Monokulturen und Massentierhaltung dazu führte, dass wir unsere eigene Vergangenheit hinter uns abbrechen. Inzwischen sind wir bei der Vernichtung der Regenwälder, die immer schneller verschwinden, bei der Vermehrung der Wüsten, dem Verlust der Artenvielfalt, der Überproduktion von Kohlendioxid, der dadurch verursachten globalen Erwärmung, dem Absterben der Gletscher, einem Anstieg der Meere, in einer Entwicklung, die bald ihre Eigengesetzlichkeit annimmt, in der sie nicht mehr gesteuert werden kann.

Jesus hat mit alldem nichts zu tun. Die Probleme, die wir heute zu lösen haben, blieben ihm unbekannt. Jesus war eingebunden in seine Zeit und deren Denken. Wenn er meinte, kein Sperling falle vom Himmel ohne den Willen Gottes, ist Gott dennoch nicht für das ungeheure Grauen in dieser Welt und die bedrohlich heraufziehende Zukunft verantwortlich zu machen. Trotzdem heute das Vertrauen Jesu in Gottes Fürsorge weiterzuführen, wäre Flucht aus dem

Diesseits. Weder Jesus noch Gott haben etwas mit dem aktuellen Klimawandel zu tun, sondern wir Menschen alleine. Diese säkulare Selbstverantwortlichkeit ist auf keine jenseitige Instanz, wenn es eine solche überhaupt gibt, abzuschieben. Alles andere scheint mir unreif.

Also kommen wir zurück auf unseren Vergleich zwischen Sokrates und Jesus. Egon Friedell urteilte:

> »Die Erfüllung des griechischen Dramas ist Sokrates. Darum ist er eine ewige Figur: der hellenische Faust. Genau so viel Philosoph wie dieser und genau soviel Religiosus. Aber auch nicht mehr. Sokrates war ein Dichter des Lebens und ein Gottsucher, aber kein Systemgründer und kein Religionsstifter. Wer ihn dazu machen will, erhöht ihn nicht, sondern degradiert ihn, indem er ihn verkennt.«

Eigenartigerweise hat die letzte Bemerkung auch für Jesus Gültigkeit: »Er war kein Systemgründer und kein Religionsstifter. Wer ihn dazu machen will, erhöht ihn nicht, sondern degradiert ihn, indem er ihn verkennt.«

Sokrates wie Jesus haben kein schriftliches Wort hinterlassen, wohl aber schreibende Nachfolger gefunden. Bis zum Tage sind es für Sokrates Platon und Aristoteles, die bis heute das philosophische Denken mitbestimmen. Aber auch die Kyniker gelten als Sokratiker; deren bedeutendster war Diogenes von Sinope, der in seiner Menschendurchleuchtung und Verachtung aller Konventionen das sokratische Erbe weiterführte. Sein Spitzname kyon (Hund) ging von ihm auf die ganze Schule über und sollte wohl eine Anspielung auf das Straßenleben des Hundes sein. Er selbst nannte sich mit einem selbst geschaffenen Wort kosmopolites, Weltbürger.

Aber als »Weltbürger« hat sich Jesus doch nie verstanden. Die griechischen Wanderprediger suchten gerne die Stadt, den Marktplatz, das Fest und die Menge auf. Jesus schickte seine Boten jedoch nicht in die Städte, sondern aufs Land. Auch wenn sie dort nicht weit wandern mussten, so machten viele doch die weiteste Reise, die damals möglich war: über die Schwelle eines fremden Hauses.

Vor einigen Jahren hat Bernhard Lang zu den griechischen Kynikern mit seinem Buch »Jesus der Hund« eine Parallele gezogen.[29] Die Grundidee der kynischen Philosophie bestand darin, jeden Besitz auf das Allernotwendigste einzuschränken. Kyniker leben arm, verzichten auf Besitz, Ehe und Lebensvorsorge. »Ich besitze nicht, damit ich nicht besessen werde.« Sie kleideten sich (wenn überhaupt) in einfachste Gewänder, machten sich die Armut zur Regel, lebten von Almosen, zogen als Wanderprediger umher und schliefen auf der Straße oder in den Säulengängen der Tempel. Bereits im Altertum hat man dem Kynismus den Charakter einer echten Philosophenschule abgesprochen, da es sich eher um eine Lebensform handle.

Woher kommen solche Regeln?

Jesus hat sie nicht selbst erfunden, sondern wohl auch aus der hellenistischen Überlieferung übernommen. Er orientierte sich am Vorbild griechischer Weisheitslehrer, die zu seiner Zeit arm wie Diogenes in den großen Städten auftraten, insbesondere aber nahm er Maß am biblischen Elija. Diese Wanderprediger verbanden radikale Armut mit Freiheit. Sie trugen keinen Ranzen, weil sie weder Nahrung noch sonst etwas erbetteln durften. Jesus verknüpfte mit ihnen eine soziale Komponente. Sie sollten die Kranken an Körper und Geist heilen, deren Schmerz lindern und dafür Tischgemeinschaft in Anspruch nehmen, keinesfalls Almosen.
Als Jahre später Paulus auf Reisen war, galt für ihn ein ganz anderes Konzept. Er wollte seine Nahrung mit eigener Hände Arbeit verdienen. Offene Tischgemeinschaft als Gegengabe an die Botschafter war nicht mehr angesagt. Und die erste christliche Gemeindeordnung, die »Zwölfapostellehre«, Didache genannt, wollte bereits keine Wanderprediger mehr. Höchstens zwei Tage sollten sie noch bleiben dürfen, aber angenehmer waren inzwischen ortsansässige Lehrer, die sich nicht mehr den

Kranken zuwendeten, sondern nur noch »dem Wort und der Lehre« widmeten. Für Jesus aber war die Einkehr in den Häusern, die Zuwendung zu den Menschen und die Erfahrung der Tischgemeinschaft das Herz seiner Bewegung. Die »Herrschaft Gottes« sollte mit Menschenfreundlichkeit und Güte beginnen, nicht irgendwann, sondern »heute«, keineswegs »morgen«.

Darin liegt eine deutliche Unterscheidung zwischen Jesus und Sokrates. Sokrates war ein Philosoph, der Philosophen als Nachfolger hatte, wenngleich die kynische Tradition ein Bindeglied zu Jesus und seinen Schülern schuf. Nach Jesu Tod ist es mit der kynischen Lebensform vorbei. Paulus hat wohl intuitiv erkannt, dass er mit der Lebenspraxis des historischen Jesus nicht weit kommen würde. Darum hat er das Evangelium Jesu zu einem eigenen Evangelium umgeformt, einer persönlichen Erlösungslehre, aus dem sich das Evangelium der Kirche entwickelte.

Die Geschichte des Christentums wurde von der Inanspruchnahme Jesu als dessen bewusstem Stifter geprägt und zugleich fehlgerichtet: »Jésus annonçait le royaume, et c'est l'Église qui est venue.« (Jesus verkündete das Reich Gottes, und gekommen ist die Kirche). So fasste Alfred Loisy den Unterschied von Jesus und Kirche zusammen, fügte aber hinzu: »Wenn man das Prinzip aufstellt, dass alles nur in seinem ursprünglichen Zustand Existenzberechtigung hat, so gibt es keine Einrichtung auf der Erde und in der menschlichen Geschichte, deren Legitimität und Wert nicht bestritten werden könnte.« Man kann aber auch sagen, dass sich spätere Entwicklungen an ihren Ursprüngen messen lassen müssen, auf die sie sich weiterhin berufen. Dann aber bleibt zu fragen, ob der vermeintliche Stifter nicht längst von seiner Stiftung verschluckt worden ist.

Dieses Schicksal ist Sokrates erspart geblieben. Er hat keine Institution begründet. Aber auch die Kirche als vermeintliche Stiftung wird wohl nur überdauern, wenn sie sich selbst so gründlich infrage stellt, wie Sokrates sich infrage stellte, das Selbstverständliche inbegriffen. Davon sind die heutigen Kirchen weit entfernt. Säkulare Nüchternheit könnte vielleicht noch eine Hilfestellung sein. Vielleicht. Ein sehr kleines peut-être.

Jesus und das säkulare Reich Gottes

Wir haben bisher mehrfach von Jesus gesprochen. Dass er weder »Stifter« der Kirche noch des Priestertums gewesen ist. Dass er Mensch war, wie andere Menschen auch. Dass sein Tod am Kreuz der Tod eines eigenwilligen Propheten war, aber kein Erlösungstod, durch den Gott mit der sündigen Menschheit hätte versöhnt werden können und müssen ... Haben wir Jesus damit degradiert? Nein.

Wenn ihn Pilatus im Johannesevangelium vorstellt: ἰδοὺ ὁ ἄνθρωπος, »Sehet, welch ein Mensch« (Lutherbibel), oder: »Seht, da ist der Mensch!« (Einheitsübersetzung), nehmen wir ihn als exemplarischen Menschen in Anspruch. Die Kunstgeschichte hat ihn über tausend Jahre als den gequälten, ausgelieferten Menschen dargestellt, und in diesen Bildern ist er vielen ein Bruder. Als »zweite Person im dreifaltigen Gott« ist er uns fremd. Auch Jesus würde die damit verbundene »Christologie« nicht verstehen.

Wir widersprechen einer christologischen Lehrentwicklung, die an ihr Ende gekommen ist. Sie führt heute keinen einzigen Schritt mehr weiter. Wenn man das Gleichnis Jesu vom »Barmherzigen

Vater« (Lk 15,11–32) vor Augen hat, hätte die paulinische Erlösungskonstruktion überhaupt nicht entstehen dürfen. Aber Paulus hat die großen Jesus-Gleichnisse nicht einmal gekannt; sie spielen in seinen Briefen keine Rolle. Sonst könnte er neben den warmherzigen Vater seiner Erzählung nicht jenen missratenen Vater stellen, der sich nur durch die Hinrichtung seines Sohnes »versöhnen« lässt. Dieses Konstrukt ist Resultat einer fehlgeleiteten Entwicklung, von der wir uns nicht schnell genug verabschieden können. Der dogmatisch behaupteten »unendlichen Beleidigung« Gottes widerspricht die Güte Gottes, wie sie Jesus vertritt.

Letztlich ist es nicht zu fassen, was die kirchliche Dogmatik mit dem historischen Jesus gemacht hat. Wir müssen, soweit wir können, nach ihm zurückfragen, nach seinen Worten und der Art seines Verhaltens.

Wenn wir heute die überlieferten Gleichnisse Jesu lesen, dürfen wir nie vergessen, dass sie in der Erinnerung seiner Hörer und in den nachfolgenden Jahrzehnten veränderte Interpretationen gewannen. Dennoch bewahrten sie als »erzählte Geschichten« eine gewisse Überlieferungsstabilität. Sofern er vielleicht über Stunden seine Hörer fesseln konnte, haben wir in den Gleichnissen noch die Kurzfassungen seiner ursprünglichen Erzählungen, die farbiger und detailreicher vorzustellen sind. Auch die Worte der »Bergpredigt« blieben seinen Hörern in Erinnerung, vielleicht wegen eines besonders einprägsamen Bildes oder eines ungewöhnlichen Vergleichs. Seine Zuhörer erinnerten vor allem die *ihrem* Verständnis besonders entgegenkommenden Worte. In der Art, wie diese dann zu Sprüchen verdichtet wurden, handelt es sich mehr um Merksätze, als dass die originären Reden und Themen noch rekonstruierbar wären.

Immer wieder findet sich in der Literatur die Frage, ob Jesus gelacht habe. Man wundert sich, dass die Evangelien ein Lachen nie erwähnen, wohl aber andere Gemütsbewegungen …

Wie sollten sie auch, denn keiner der Evangelisten hat Jesus gekannt und ihm zuhören können. Aber es gibt viele Gründe, sich einen lachenden Jesus vorzustellen: Einer der erzählen kann, also Situationen stiften, die den Zuhörer fesseln; der Auge und Ohr für den Alltag der Menschen hat; der sich mit Reichen und Armen, Frauen und Männern, Würdigen und Unwürdigen an einen Tisch setzt, mit ihnen isst und trinkt und die ungleiche Tischgemeinschaft sogar zum zentralen Symbol seiner Botschaft macht — ein solcher Mensch, der sich von Menschen berühren lässt und seinerseits zutiefst anrührt … der hat auch mit ihnen gelacht und geweint.

Worum ging es ihm? Was war sein Programm?

Erneut muss ich als zentrales Stichwort das »Reich Gottes« hervorheben. Der Begriff hat eine unterschiedliche Geschichte. In Jesu Tagen verband sich damit der Sehnsucht, von den römischen Besatzern befreit zu werden. Für Jesus jedoch waren alle Vorstellungen in den Kategorien von Macht und Gewalt irrelevant. Auch wenn er die traditionelle Rede vom Reich oder der Herrschaft Gottes übernahm, so fällt doch jede Betonung von Königtum bei ihm weg. Jesus münzt die ererbte Metaphorik vom Königtum in alltägliche Realität um. Im Reich, wie er es sich vorstellt, gibt es weder himmlische Chöre noch irdische Könige. Stattdessen finden wir die Landschaften und Bewohner des galiläischen Landes und des vom See geprägten Lebens. Das Reich ist wie ein Acker. Das Reich ist wie ein Weinberg ... Das Reich ist wie ein winziges Senfkorn, das zu einer Pflanze heranwächst ... Oder: Jesus assoziiert das Reich mit dem Fisch, dem Netz, dem Fang und mit der Frau, die ihrem Mehl Sauerteig zusetzt, um Brot zu backen. Das Reich Gottes gehört den Kindern und denen, die ihnen gleichen, den Demütigen. Es gehört den Armen, während es für Reiche schwieriger ist, ihm anzugehören als für ein Kamel, durch ein Nadelöhr zu gehen.

Es gibt genug, woran sich heutige Menschen stoßen können. Schon der Begriff »Reich Gottes«, den du weiterverwendest, ist ja alles andere als selbstver-

ständlich. Wir denken und sprechen doch von einem säkularen Boden aus, auf dem sich Menschen aller Couleur bewegen. Warum soll oder kann ein Atheist den Begriff »Reich Gottes« verstehen und akzeptieren?

Weil er ein Programm bezeichnet, das Menschen verbindet und vor allem die Kleinen, Verstoßenen und Missachteten. Man muss irgendwann darüber hinwegkommen, das Wort »Gott« konfessorisch zu verstehen. Ein Atheist kann das darin Gedachte als geistigen Entwurf des Weltganzen nehmen und hat dann keine Probleme, sich auf diesen Horizont einzulassen. Natürlich hat Jesus als Jude seiner Zeit unter einem Glaubenshorizont gelebt, der nicht mehr der unsere ist. Aber sein Programm ist im Grunde Christen wie Nichtchristen fremd geblieben.

Darum betonst du das Reich Gottes als die alltägliche und konkrete Welt, in der sich Menschen je und je befinden?

Es ist die säkulare Welt, soweit sie sich einem sehr hohen menschlichen Anspruch unterstellt.

Aber die Gleichnisse Jesu, in und mit denen er sein Reich-Gottes-Verständnis vermittelt, sind manchmal doch sehr verklausuliert …

Die Geschichten, die Jesus erzählt, bestimmen zwar nicht immer die reguläre Tagesordnung des Lebens, doch bleiben sie im Bereich vorstellbarer Geschehnisse und möglicher Erfahrung. Sie setzen keine Mathematik für Fortgeschrittene voraus. Sie beginnen oft mit der Frage: »Wer unter euch ...?« Auch wird der Zuhörer nicht auf Kenntnisse hin abgefragt, sondern allein auf seine innere Präsenz hin beansprucht. Eine Reich-Gottes-Rede schreibt in die bekannte alltägliche Welt ihre »göttliche« Bestimmung hinein, die Menschlichkeit unter Menschen schafft. Darum mag es nicht jedermanns Sache sein, hier zu hören und zu verstehen.

»Reich Gottes« findet sich aber auch neben Bezeichnungen wie »Reich der Himmel«, die den Begriff unklar machen und ihn mit der Zukunft oder dem Ende der Zeit verbinden.

Schon Jesus musste Missverständnisse abwehren. Wer nach dem Reich Gottes ausschaut, wie man nach dem Wetter Ausschau hält, orientiert sich auf der falschen Ebene. Als er gefragt wurde, wann es denn komme, antwortete er: »Das Reich Gottes kommt nicht so, dass man es an äußeren Zeichen erkennen könnte. Man kann auch nicht sagen: Seht, hier ist es!, oder: Dort ist es! Denn: Das Reich Gottes ist schon mitten unter euch« (Lk 17,20f.; vgl. Mt 12,28). Jetzt geschieht es, und *jetzt* wollen die Zeichen der Zeit wahrgenommen werden. Es wird damit nichts anderes als die Gegenwart betont.

Während alle Apokalyptiker das Reich Gottes mit der Zukunft oder der Endzeit verbanden, betonte der historische Jesus: *Jetzt* ist Zeit der Hochzeitsfreude. Die Saat *ist bereits* ausgestreut. Das Gastmahl *steht schon bereit*. Der Schatz *liegt im Acker*. Der Satan *ist* gestürzt. Diese Botschaft ist sein Evangelium. Es sind keine kosmischen Wunderzeichen zu erwarten, es gilt auf andere Vorgänge zu achten. Zwar lautet die zweite Bitte des Vaterunsers: »Dein Reich komme!« und setzt damit eine Spannung zwischen erfüllter und nicht erfüllter Gegenwart, doch ist das Reich Gottes ja kein Zustand, der sich über Nacht wie Tau auf das Land legt, sondern ein Prozess, der sich entfalten will. Darum die Gleichnisreden von Saat, Wachstum und Ernte. Es beginnt klein und unscheinbar, aber strebt einer immer größeren Entfaltung zu.

Das zentrale Symbol des »Reiches Gottes« finde ich in den unterschiedlichen Mahlgeschichten, die sich in den Evangelien finden, bis hin zum sogenannten »Letzten Abendmahl«.

Ja, nehmen wir den Text. Da ist ein Mann, der ein Festmahl geben will (Mt 22,1–13; Lk 14,15–25; Thomasevangelium 64) und da er erst sehr spät dazu einladen lässt, muss er hören, dass an dem fraglichen Abend alle seine Freunde etwas anderes vorhaben und also, wie sie ihn bedauernd wissen

lassen, seiner Einladung nicht folgen können. So ist nun das Mahl bereit und das Haus leer.
Was jetzt folgt, hat eine groteske Unwahrscheinlichkeit: Der Gastgeber lässt seine Diener jeden, den sie auf der Straße treffen, an seine Tafel holen. Eine auf diese Weise zusammengeholte Tischgesellschaft, die Männer und Frauen, Arme und Reiche, Sklaven und Freie miteinander und durcheinander zum gemeinsamen Essen versammelt, Pharisäer zwischen Zöllnern und Sündern, könnte in seinen vielen Peinlichkeiten normale Gastgeber zur Verzweiflung bringen.

Du verbindest die Szene mit einer »grotesken Unwahrscheinlichkeit«. Das kannst du tun, sie entspringt aber der Erzähltaktik Jesu. Was dieses Gleichnis vorstellt, ist eine offene Mahlgemeinschaft, bei der die Tischordnung alle üblichen gesellschaftlichen Regeln sprengt. Und das ist auch das tatsächlich Bedrohliche des Gleichnisses: die soziale Herausforderung einer egalitären Tischgemeinschaft. Es ist natürlich nur eine Erzählung, die sehr wirksam die Erschütterung der Gesellschaftsordnung im kleinen Rahmen, eben bei Tisch, denkbar macht. Aber da Jesus praktizierte, was er mit seinem Gleichnis beschrieb, beschimpfte man ihn als Fresser und Säufer, als Freund von Sündern und Zöllnern. Denn weigerte er sich nicht, Unterschiede gelten zu lassen, wie es sich gehört? Da an seinem

Tisch auch Frauen saßen, sogar unverheiratete, hieß es, er esse mit Huren, denn mit Vorliebe klassifizierte man so alle Frauen, die nicht, wie es üblich war, unmittelbar männlicher Kontrolle unterlagen …

Wenn wir Jesus als Gastgeber amüsant, exzentrisch oder auch bezaubernd unkonventionell finden, musste er doch denen, welche die eigene Identität nur in den Augen von Ihresgleichen akzeptieren, notwendig unvernünftig und absurd erscheinen. Die Zumutung, sich bei Tisch und im Leben mit jedem Hergelaufenen gemein zu machen und dabei von allen Unterschieden des Standes, Ranges und Geschlechts abzusehen, wirkte für normal denkende Leute doch asozial, auch gefährlich und vielleicht sogar pervers … Diese Interpretation vertritt der amerikanische Exeget John Dominik Crossan mit guten Gründen. Er pointiert:

> »Der radikale Egalitarismus des Gottesreichs, von dem Jesus sprach, ist erschreckender als alles, was wir uns vorgestellt haben, und selbst, wenn wir es nie annehmen können, sollten wir doch nie versuchen, es wegzuerklären und als etwas anderes, als es ist, auszugeben.«[30]

Die Praxis der Offenen Tischgemeinschaft, welche die Reich-Gottes-Botschaft Jesu quer zu allen geltenden Anschauungen und Sitten konkretisiert und provokativ herausstellt, wurde nach seinem Tod von der frühen Jesusbewegung weitergeführt, nunmehr über das Judentum hinaus, so dass nicht mehr der Unterschied zwischen Jude und Grieche gelten sollte. Zugleich aber wurde diese Mahlgemeinschaft exklusiv, indem sie nur noch unter Jesus-Leuten stattfand. Damit begann die Verkirchlichung des Programms Jesu. Und nachdem mit dem ausgehenden ersten Jahrhundert das hellenisierte Christentum sich vom Judentum geschieden und feindlich distanziert hatte, war man schnell wieder ganz unter Seinesgleichen — und der provokante Ansatz Jesu eingeebnet.

Die überlieferten Mahlzeiten Jesu erscheinen alle sehr profan. Da ist von alleinstehenden Frauen wie Maria Magdalena die Rede; von Zöllnern und Sündern, wer immer sie sind; von denen an den Hecken und Zäunen, also jenen, die »eigentlich« nicht dazu gehören. Aber dann, zum Schluss, am Abend vor seiner Verhaftung, wird aus den bis dahin stets profanen Tischgemeinschaften etwas Sakrales mit befremdlicher Symbolik und unklarer Bedeutung: das sogenannte Letzte Abendmahl, das sich offenkundig von allen anderen Mählern grundlegend unterscheiden soll.

Da stimmt doch was nicht.

Dass dieses letzte Mahl sich als »eucharistisches Vermächtnis« Jesu von den voraufgegangenen

Tischgemeinschaften kategorial abgehoben hat, um ein für die Nachwelt gültiges Ritual zu werden, ist absolut unwahrscheinlich. Diese These schlösse eine Vorsorgeplanung Jesu ein, wenn nicht gar eine Art »Kirchengründung«, was die historisch-kritische Forschung ausschließt. Es unterliegt erheblichen Zweifeln, dass das von Paulus und den Synoptikern geschilderte »letzte Abendmahl« tatsächlich stattgefunden hat. Was diese überliefern, spiegelt die bis dahin stattgefundene kultische Entwicklung, welche die profane Mahlpraxis Jesu hinter sich lässt.

Im Unterschied zu den Tischgemeinschaften Jesu entwickelten sich nach seinem Tod in den Jesusbewegungen mit den gemeinsam stattfindenden Mählern unterschiedliche Formen mit einer ersten, die Tischgemeinschaft wesentlich verändernden Ritualisierung. Das kann auch nicht ausbleiben, wenn ein Mahl aus dem regulären Lebensvorgang herausfällt und zum Erinnerungsmahl wird. Dies belegt bereits die anfängliche Abendmahltradition, die sehr unterschiedlich und offenbar auch umstritten verlief. Während die von Paulus bezeugte Version das Mahl auf den Tod Jesu bezieht (1 Kor 11,23–25), fehlt nicht nur diese Bezugnahme in den Texten der Didache [der frühesten christlichen Gemeindeordnung] und bei Justin († 165). Es wird dort nicht einmal auf das »letzte« Abendmahl als kultisches Vermächtnis Jesu angespielt.

Wir haben gesagt, die offene Tischgemeinschaft sei das wirksamste Symbol der Reich-Gottes-Verkündigung Jesu. In der von ihm gepflegten Tischgemeinschaft mit »Zöllnern und Sündern«, Pharisäern und alleinstehenden Frauen nahm er die Mahltradition der orientalischen Völker und zumal der biblischen Überlieferung auf, man kann sogar sagen, seine Mahlpraxis verbindet ihn mit dem Mahlverständnis fast aller Kulturen der Welt.
Das kann an einem Beispiel für viele andere deutlich werden, und zwar aus dem weit entlegenen Bereich nordgermanischer Tradition:

> Es wird um das Jahr 1040 gewesen sein, als Magnus Olafson (um 1024–1047) König von Norwegen war. Das Christentum fasste kaum Fuß; die Menschen dachten und handelten, wie es germanisch-heidnischer Art entsprach.
>
> In diesen Tagen hatte ein Gefolgsmann, Thorfin, einen Aufstand versucht und dabei Rögnwald, einen Verwandten des Königs, erschlagen. Nun war der König nach Brauch und Recht verpflichtet, den toten Rögnwald zu rächen, den untergetauchten Thorfin aufzutreiben und Tod gegen Tod auszugleichen. Diese Pflicht war Ehrensache. Würde Magnus Olafson ihr nicht mit allem Eifer nachkommen, seine eigene Ehrlosigkeit brächte ihn um das Königsamt. Also ließ er im ganzen Lande Thorfin suchen. Die Fahndung aber brachte keinen Erfolg.

> Nun begab es sich, dass der König eines Tages zu einem Mahle lud. Noch hatten die Gäste nicht Platz genommen, als ein Mann, verwildert anzusehen und niemanden achtend, zu ihnen hin drängte. Zur Verblüffung aller griff er ein Brot vom gedeckten Tisch und nahm gleich einen Bissen davon. Das war ein unerhörtes Verhalten; es missachtete jede Gepflogenheit und alle Rechte des Gastgebers. Erregt sprang der König auf: »Wer bist du?« Der Fremde kaute sein Brot, dann sagte er: »Ich bin Thorfin.« — »Bist du der Jarl (Herzog) Thorfin?« — »So nennen mich die Männer.« Da ringt Magnus Olafson um seine Fassung. Schließlich sagt er: »Wahrhaftig, Thorfin, bei meiner Ehre hatte ich geschworen, solltest du mir je begegnen, würdest du davon niemandem mehr berichten können …« Und nach einer bedrückenden Pause: »Doch nachdem, was jetzt geschehen ist, kann ich dich nicht mehr töten lassen. Es muss Friede zwischen uns sein!« Und er lud den Todfeind an seinen Tisch.[31]

Was war geschehen? Der Rebell und Totschläger Thorfin hatte sich in einem Akt der Überrumpelung Zugang zum Tisch des Königs verschafft. Mit hintersinniger List hatte er Brot davon genommen und sogleich gegessen. Warum sollte eine solche Überrumpelung Rache in Frieden wenden? — Todfeindschaft in Gastfreundschaft? Welche Vorstellungen stehen hinter diesem Geschehen?

Rembrandt, Abraham bewirtet die drei Engel. Kupferstich, 1656.

Erzählt wird die Geschichte Gen 18,1–15 von Abrahams Gastfreundschaft. Die Reisenden haben Platz genommen und mit dem Mahl begonnen. Der älteste und würdigste der Männer spricht gerade einen Segen über Brot und Wasser (oder Wein). Seine beiden Begleiter haben Flügel, denn Gäste werden in vielen Kulturen der alten Welt als göttliche Boten gesehen, wie in Ovids »Philemon und Baucis«. Abraham bringt, demütig von rechts kommend, einen Krug herbei und wird damit in den Kreis seiner Gäste einbezogen. In der halb geöffneten Tür steht Sara. Über die Mauer gebeugt ist der junge Ismael zu sehen. Mit Pfeil und Bogen zielt er in die Ferne, in die er bald ziehen muss.

George Grosz, Der Fresser, in G. Grosz, Das neue Gesicht der herrschenden Klasse. Federzeichnung, 1930.

Ein Gegenbild zu Rembrandts Gastmahl ist »Der Fresser«. Da sitzt ein Einzelner vor einem überladenem Tisch. Der Schweiß tropft ihm vom Gesicht. Unter seinem Übergewicht ist der karikaturistisch verkleinerte Stuhl dabei zusammenzubrechen, während die ebenfalls fressende Bulldogge, die schiefgehängte Uhr und der grinsende Tod der Szene eine grausame Überschärfe geben. Zum Mahl gehört Gemeinschaft. Völlerei zerstört. Die Frieden schaffende Kraft des gemeinsamen Tisches bildet die Basis alter Kulturen und konkretisiert, was Jesus unter »Reich Gottes« verstand.

Der Vorgang ist unbegreiflich, wenn man nicht weiß, wie hoch bei germanischen Völkern die Tischgemeinschaft geachtet war. Die Hochschätzung der Gastfreundschaft schloss die Unverletzlichkeit des Gastes in sich ein. Das konnte handfeste Konsequenzen haben. Jeder, der Gastfreundschaft gewährte, wurde zugleich in die Schwierigkeiten seines Gastes mitverwickelt. Der Wirt geriet in die Gewalt des Gastes, weil er für dessen Leib und Leben einstehen musste, auch wenn er nicht wusste, wen er in sein Haus aufnahm. Ein Fremder, der abends an die Tür klopfte, konnte ja auch ein Verfolgter sein, und der Gastgeber riskierte mitunter Leben und Wohlfahrt, wenn er den Fremden nun offen wie geheim beschützen musste.

Mehr noch: Der Gast war der Stärkere. Er konnte sich mit List Zutritt verschaffen und die Gastfreundschaft unbekannter Menschen ausnutzen. Selbst wenn es nur ein Bissen Brot war, vom Tisch des Hauses genossen, so konnte dieser Bissen Brot oder ein Schluck Wasser genügen, eine neue Situation zu schaffen. Dabei tat die Erschleichung des Brotes oder des Trankes durch eine List der Wirksamkeit keinen Abbruch.

Streitigkeiten wurden immer durch gemeinschaftliches Essen und Trinken beigelegt. Der Friede war erst hergestellt, wenn er durch Tischgenossenschaft bestätigt worden war. So machten die Mahlzeiten und das Beisammensein am Tisch das tiefe Atemholen des Friedens sichtbar. Die tägliche Wiederkehr an den gemeinsamen

Tisch bedeutete eine ständig wiederholte Erneuerung des Seelenfriedens durch die Speise und besonders durch den Trank, gefüllt mit dem Heil des Hauses.

Die Frieden schaffende Kraft des gemeinsamen Tisches ist aber nicht nur germanische Überzeugung, sondern bei vielen alten Völkern anzutreffen: in den Wigwams der Indianer, bei den Beduinen der Wüste, im Kral eines afrikanischen Gastgebers, in den Gehöften des tibetischen Hochlandes. Du hast in deinem Buch »Mehr als alles«[32] Geschichten zusammengetragen, die das gemeinsame, alle Differenzen überwindende Mahl als Feier des Reiches Gottes verstehen lassen. Darin atmen Erzählungen von Albert Camus, Nikos Kazantzakis oder Nikolai Lesskow die gleiche Gastfreundschaft, in denen sich das Denken und Verhalten Jesu fortsetzt.

Alle diese Traditionen zeigen den Unterschied zu dem, was sich bereits im »Letzten Abendmahl« nach dem Tode Jesu als kultische Einrichtung kundtut und in Heiligen Messen und Eucharistiefeiern in millionenfacher Sterilität fortsetzt! Da spricht der Priester die »Wandlungsformel« über Papierbrot und Wein, früher hauchte er sie, und wenn »man« dann »kommuniziert«, laufen die »Gläubigen«, Bank für Bank, zum Empfang der Hostie, aber für die Mahlzeiten in den Häusern und den Zank im alltäglichen Leben ist das bedeutungslos. Soweit das liturgische Geschehen keine

säkulare Basis hat, verliert es alle Relevanz.
Aber wie kannst du belegen, dass die Mahlgleichnisse und die Mahlpraxis Jesu dessen Lebensform kennzeichnen, das »Letzte Abendmahl« aber eine spätere Schöpfung nach seinem Tode ist?

Natürlich hat es irgendwann ein letztes Mahl Jesu mit seinen Freunden gegeben. Wahrscheinlich hat niemand gewusst, wann diese Tischgemeinschaft die letzte sein würde. Dass Jesus aber am Abend vor seinem Tod ein ungewöhnliches und für alle fernere Zeit ein gültiges rituelles Muster gestiftet haben soll, ist extrem unwahrscheinlich. Im Unterschied zu den profanen Tischgemeinschaften Jesu verband sich nach seinem Tod mit den nun gemeinsam gefeierten Mählern eine erste Ritualisierung, welche die Tischgemeinschaft wesentlich veränderte. Das kann auch nicht ausbleiben, wenn ein Mahl aus dem regulären Lebensvorgang herausfällt und zum Erinnerungsmahl wird.

Die Didache enthält eine gottesdienstliche Praxis im palästinischen Bereich ohne Anspielung auf die bekannten Abendmahlstexte. Einen »Einsetzungsbericht« zur Begründung des christlichen Kults sucht man vergeblich. Dennoch handelt es sich um eine Mahlfeier, deren Kultisierung von der offenen Tischgemeinschaft zu strenger Exklusivität führt. Die Ungetauften werden den Hunden gleichgesetzt: »Gebt das

Heilige nicht den Hunden.« Diese Begründung mit einem Jesuswort aus der Bergpredigt (Mt 7,6) kann verwundern wie verletzen: Im Hintergrund steht die Geschichte von der heidnischen Syrophönizierin, die auf eine anfängliche Verweigerung Jesu antwortet, selbst die Hunde dürften von den Brosamen essen, die vom Tisch ihrer Herrschaft fallen (Mk 7,24–30).[33] *Jetzt sitzen nur noch die Heiligen am Tisch, und »die Hunde« mitzubedenken wird verboten.*

Für das Johannesevangelium bleibt die Frage, warum es in seiner Darstellung des Abschiedsmahles jeden »eucharistischen« Bezug löscht und stattdessen die Fußwaschung einsetzt. Als Resümee bleibt festzuhalten, dass sich die Eucharistiepraxis im frühen Christentum unterschiedlich und variabel zeigt und eine einheitliche kultische Regelung zunächst nicht gegeben war.

Es ist verständlich und nahezu zwingend, dass die Erinnerung an die offenen Tischgemeinschaften Jesu nach seinem Tod einen mehrfachen Transformationsprozess fanden. Es ist aber nicht ohne eine gewisse Ironie, dass aus symbolischen Handlungen, die in alltäglichen Situationen ihren Ort haben, beliebig oft wiederholbare Riten wurden, die schließlich an »Ämter« gebunden werden. Dabei wird der außergewöhnliche Schritt von der ursprünglichen Symbolhandlung zum urchristlichen Sakrament durch die

Verknüpfung des Mahles mit dem Tode Jesu vollzogen. Das eucharistische Abendmahl setzt den Tod Jesu ja bereits voraus. Diese Beziehung zu stiften, ist alles andere als naheliegend.

Tatsächlich ist der Todesbezug sekundär in der Abendmahltradition. Dies unterstreichen die Eucharistieformen ohne Todesbezug, wie sie in der Didache, bei Justin und im Johannesevangelium gegeben sind. Paulus hingegen verknüpft Abendmahl und Jesu Tod in einem Atemzug: »Dieser Kelch ist der Neue Bund in meinem Blut ... Sooft ihr von diesem Brot esst und aus dem Kelch trinkt, verkündet ihr den Tod des Herrn, bis er kommt« (1 Kor 11,25f.). Mit seiner Verbindung von Wein und Blut berührt er außerdem ein jüdisches Tabu, das auch der Bibelwissenschaftler Herbert Haag als nicht ursprünglich einschätzte.

Es leuchtet ein, dass die Mähler, an denen Jesus beteiligt war, aufgrund ihrer eigenen Symbolkraft eine Reich-Gottes-Botschaft waren. Dazu gehörte keine rituelle Bekräftigung. Man muss Jesus in seinem bäuerlichen Alltag sehen, dann fällt der spätere Überbau von selbst ab. Aber die Evangelien überführen Jesus in spätere Zeiten. Sie wurden später geschrieben, darum entfernen sie sich auch von der Zeit Jesu.

Die damit verbundenen Veränderungen haben Jesus in ein anderes Licht gestellt und auch seine Botschaft verändert. Vor allem den Aussagen Jesu über die Armut haben sie so gründlich den Stachel genommen, dass wir Mühe haben, deren ursprüngliche Radikalität noch wahrzunehmen. Die Seligpreisung der Armut als Bedingung der Teilhabe am Reich Gottes fand eine zunehmende Abschwächung.

Umso mehr bleibt die Frage: Wenn Jesus ein jüdischer Kyniker war (➛ S. 163) und das Milieu der Bettler und Tagediebe kannte, glaubte er dann wirklich, dass diese in besonderem Maße von Gott gesegnet seien, während die Reichen, überhaupt alle anständigen Bürger, Gott missfällig?

Wir dürfen mit Armut nicht persönliches Verdienst oder persönliche Schuld verbinden, vielmehr die strukturelle Ungerechtigkeit, unter der die Armen leiden, die Reichen aber profitieren. Das ist die Situation, in der sich Jesus und das bäuerliche Land insgesamt befanden. Wo Unterdrückung stattfindet — insbesondere wo dies unter der Maske der Normalität, ja selbst der Notwendigkeit auftritt —, sind unschuldig und gesegnet allein diejenigen, die das böse Funktionieren des Systems zu menschlichem Abfall und Unrat degradiert.

Wären dann nur noch die Wohnungslosen unschuldig? Wollte man so denken, würde kein persönlicher oder individueller Machtmissbrauch angeklagt, sondern die im gesellschaftlichen System strukturell gegebene Un-

Es gibt keine bildlichen Erinnerungen an Jesus. Der Marmorkopf aus dem Jahr 359 zeigt Jesus als bartlosen Jüngling, ähnlich einer griechischen (apollinischen) Gottesvorstellung.

Im hohen Mittelalter verschmelzen Hohheit und Schmerz in den Bildern des Gekreuzigten, wie hier in einem Holzkruzifix aus Köln.

Nicht Bilder halten Jesus lebendig, sondern Menschen, die leben wie er: Gandhi war ein Hindu, aber er dachte und handelte wie Jesus. – Janusz Korczak war Jude wie Jesus. Er begleitete die Kinder seines Waisenhauses bis in den Tod.

Es wundert mich, dass es nur den einen Jesus gibt und nicht siebzigmal Siebentausend. – Es gibt ihn siebzigmal Siebentausend. Es gibt nicht nur den einen.

Im Spätmittelalter, einer Zeit beginnender Porträtmalerei (um 1320), malte man Jesus als edle Gestalt.

In den späteren Jahrhunderten verweichlichte das Jesusbild bis zum Kitsch. Erst im 20. Jh. haben Künstler ein neues lebendiges Jesusbild geschaffen, wie hier Lovis Corinth, 1904/05.

Pfarrer und Bischof haben Franz Jägerstätter überzeugen wollen, in Hitlers Wehrmacht zu dienen. Jägerstätter setzte das Wort Jesu dagegen: »Ihr könnt nicht zwei Herren dienen ...«. – Der polnische Franziskaner Maximilian Kolbe ging freiwillig in den »Hungerbunker« im KZ Auschwitz, damit ein Familienvater, den das Los getroffen hatte, überlebe.

Das Wahre muss sich immer als eine Art Narrheit ausnehmen – in der Welt des Geschwätzes, in der sich jeder so ohne weiteres Christ nennt.

gerechtigkeit. Und an dieser ist niemand unschuldig, dem dieses System sein Auskommen gewährt.
Auch die Kinder werden des Reiches Gottes vergewissert. Die neutestamentliche Überlieferung dürfte den ursprünglichen Anlass, dem sich Jesu Stellungnahme verdankt, unterschlagen haben. Wohl aber sicherte sie die überraschende Ansage, dass ausgerechnet den Kindern das Reich Gottes offen stehe.

In der alten Welt galten Kinder nicht viel. Neugeborene konnte man aussetzen oder sterben lassen. Das galt allgemein, wenngleich nicht für toragläubige Juden. In der Gemeinde könnte darüber gestritten worden sein, wie mit Kindern umzugehen sei: ob man alle Kinder anzunehmen und zu schätzen habe, oder ob sie nicht doch ein Nichts seien. Selbst die Rahmenerzählung (Mk 10,13.14a.16) macht dann klar, dass die Gottesherrschaft ins Reich der Hilflosen, der Ohnmächtigen und Nichtsnutze führt.

In der orientalischen und mediterranen Welt ist die Familie eine geschlossene Welt. Deren allgemein anerkannte Herrschaft und Gültigkeit stellt Jesus infrage:

> Jesu Mutter und seine Brüder wollten zu ihm. Sie blieben vor dem Haus stehen und schickten jemanden hinein, ihn zu rufen. Er saß drinnen im Kreise vieler Zuhörer, und man sagte ihm: »Deine Mutter und deine Geschwister sind da, sie stehen draußen und wollen zu dir.« Doch er erwiderte:

»Wer ist denn das, meine Mutter und meine Geschwister?« Er blickte um sich auf die, welche um ihn herumsaßen, und sagte: »Das ist meine Mutter, das sind meine Geschwister. Denn jeder, der den Willen Gottes tut, der ist mein Bruder, meine Schwester, meine Mutter.«
Mk 3,31–35

Ihr sollt nicht denken, ich sei ein Friedensapostel. Nein, ich bringe Ärger und Streit. Ab jetzt wird sich eine fünfköpfige Familie so zerstreiten, dass drei gegen zwei stehen und zwei gegen drei. Der Vater wird sich mit dem Sohn zerstreiten, die Mutter mit der Tochter und die Schwiegermutter mit der Schwiegertochter.
Spruchquelle Q, bei Lk 12,51–53; Mt 10,34–36

Die Zielrichtung der familienkritischen Urteile Jesu meint die Machtverhältnisse der levantinischen Familie, die den Sohn, die Tochter und Schwiegertochter der Autorität der Eltern, zumal des Vaters unterstellen. Die Familie bildet die Gesellschaft in ihren Hierarchien und Zwängen ab. Ihr gegenüber proklamiert Jesus eine offene Gesellschaft, die niemanden ausgrenzt, die dazu gehören wollen.

Dieser Jesus hat mit dem Kirchen-Jesus der meisten Gebete, Lieder und Bilder nichts gemeinsam. Sein Programm ist eher kirchensprengend, vor allem wenn man die bürgerliche Gemeindegestalt der westlichen Gesellschaften in den Blick nimmt.

Die Wanderbotschafter, die Jesus zu ihrem Tun angeleitet hatte und die nach seinem Tod in radikaler Armut durch die galiläisch-südsyrische Landschaft zogen, betrieben auch keine Gemeindegründung nach Art des Paulus in den Städten der hellenistischen Welt. Der unorganisierte Charakter ihrer Tätigkeiten ist noch erkennbar: Männer und Frauen suchten durchweg zu zweit einzelne Häuser auf und verkündeten eine Gottesherrschaft radikaler Gleichheit. Die Texte dieser Traditionsschicht sind — bei kritischem Vergleich — so weit transparent, dass sie das ursprüngliche Reden und Tun Jesu noch durchscheinen lassen. Aber sofern Jesu Programm überhaupt in heutiges Verständnis übersetzt werden kann, mutet es sehr fremd an.

Wir haben bisher die Bergpredigt nicht erwähnt. Sie gilt doch als das Programm Jesu schlechthin.

Die Bergpredigt ist erst von Matthäus aus dem Material der Logienquelle und eigenem Sondergut zusammengestellt worden. Über die Frage, welche Sätze dem historischen Jesus zugeordnet werden können, gibt es in der Forschung keine Einigkeit, da Matthäus recht disparates Material sortiert hat. Das muss uns hier nicht kümmern. Relevanter ist, wie zum Beispiel der Hindu Mahatma Gandhi urteilte:

> Die Botschaft Jesu ist in der Bergpredigt enthalten, ganz und unverfälscht. Wenn es nur die Bergpredigt und mein eigenes Verständnis gäbe, würde ich nicht zögern zu sagen: »Ja, ich bin ein Christ.«
>
> Ein Text hat mich immer wieder ergriffen, schon von meinen ersten Zeiten her, als ich die Bibel las: »Suchet zuerst das Reich Gottes und seine Gerechtigkeit, und alles andere wird euch dazugegeben werden.« Ich sage euch, wenn ihr diesen Abschnitt versteht, bewahrt und in seinem Geiste handelt, dann braucht ihr nicht einmal zu wissen, welchen Platz Jesus oder irgendein anderer Lehrer in eurem oder meinem Herzen einnimmt. Wenn ihr diese moralische Straßenkehrerarbeit tut, euer Herz reinigt und bereit macht, dann werdet ihr finden, dass alle diese machtvollen Lehrer ihren Platz in uns einnahmen, ohne dass wir sie einladen. Die Lehre der Bergpredigt ist für uns alle.[34]

Es gibt in der Bergpredigt aber sehr schroffe Sätze, etwa dieser: Wer Vater oder Mutter mehr liebt als mich, ist meiner nicht würdig, und wer Sohn oder Tochter mehr liebt als mich, ist meiner nicht würdig (Mt 10,37; vgl. Mt 12,46–50). Du sagtest schon: Die mediterrane Gesellschaft beruht auf Familien-solidarität und Sippenbindung; das haben auch juristische Konflikte türkischer Familien in ihrer ersten Zeit in Deutschland bewusst gemacht.

Das egalitäre Reich Gottes widerspricht solchen Gesetzen. Zum Kern der Lehre Jesu gehören natürlich auch die Gleichnisse und die Art, wie er sich selbst unter den Menschen bewegt hat und dabei religiöse oder ethnische Grenzen ignorierte. Zentral ist die Geschichte vom barmherzigen Samariter. Sie hebt alle Grenzen zwischen Religionen oder Ethnien auf.

> Der Gesetzeslehrer fragte Jesus: Und wer ist mein Nächster? Darauf antwortete ihm Jesus: Ein Mann ging von Jerusalem nach Jericho hinab und wurde von Räubern überfallen. Sie plünderten ihn aus und schlugen ihn nieder; dann gingen sie weg und ließen ihn halb tot liegen [...]
> *Lk 10,29–37*

Die Samaritaner waren eine in Palästina ansässige ethnische und religiöse Minderheit, die das spätere Schicksal von Juden, Sinti und Roma erlitten. Wen gingen sie etwas an? Jesus erzählt, wie das Erbarmen über das eigene Haus hinausgeht, wenn kein Sippenverband, kein Glaube und keine Nationalität mehr verbinden. Geschichten vom »barmherzigen Samariter« ereignen sich in allen Kulturen und Religionen der Welt, auch wenn diese eine von Jesus erzählte Geschichte paradigmatisch wurde und in der Eindrücklichkeit dieses Paradigmas sich menschliche Solidarität vernetzt und dabei den kirchlichen Horizont überschritten hat. In einer globalen Welt

beeinflusst sie auch das Denken anderer Kulturen und Religionen.
Es sieht so aus, als wolle die Parabel durch das Arrangement der gewählten Akteure etwas deutlich machen, was alle wissen und zugleich alltäglich verdrängen: dass wir den Anforderungen der Liebe in Wirklichkeit nicht gewachsen sind. Wenngleich hier die Kleriker deutlich versagen, ist ihr unmenschliches Verhalten in Wirklichkeit das allermenschlichste. Die Gleichgültigkeit des Tempelpersonals macht bewusst, dass die wirklichen Lebensumstände von einem Mangel an Liebe bestimmt sind. Die Parabel sagt ihren Zuhörern, dass auch ihnen fehlt, worauf sie doch angewiesen sind.

Aber warum wählt Jesus gerade einen Priester und Leviten, die sich so deutlich fehlverhalten?

Wahrscheinlich hat Jesus diese Distanz schon früh gewonnen, spätestens bei Johannes am Jordan, der dort auch größten Abstand zu Jerusalem und dem Tempel wählte. Nun stellt er den beiden Klerikern als Kontrastfigur einen Samaritaner entgegen, einen Mensch aus dem »Unvolk«, der allein Menschlichkeit erweist. Wirkt es schon überraschend, dass der Überfallene die Zuwendung des Samaritaners erfährt, so verblüfft geradezu, dass dessen Fürsorge jedes zumutbare Maß weit überschreitet. Es ist ja schon viel, sich für den Fremden Zeit zu nehmen, seine Wunden zu pflegen und ihn dann noch auf dem eigenen Reittier in eine Unterkunft zu bringen. Aber die vorausschauende Umsicht sprengt die Zufallsbegegnung, erstreckt sich auf die folgenden Tage und übernimmt sogar noch die Bürgschaft für die Pflege bis zur endgültigen Gesundung. Wenn ein Glaubensgenosse oder Nachbar so handeln würde, würde diese überschwängliche Zuwendung auch verblüffen. Dass sie aber gerade von einem Menschen kommt, dem die kollektiven Vorurteile, sogar die Verachtung der Zuhörer gelten, das provoziert. So knapp diese Geschichte erzählt wird, so viel gibt sie zu denken.

Wenn man die Parabel im Kontext zu anderen Parabeln sieht, sprechen diese durchweg von der Herrschaft Gottes oder vom Reich Gottes. Wir sagten mehrfach, gemeint sei damit ein weltlicher Lebensbereich, in dem »Gottes Wille« befolgt wird. Von Gott ist hier aber keine Rede.

Ohne »Gott« zu nennen, erzählt die Parabel von dem Wunder einer sich überbietenden Liebe, in der sich das »Reich der Himmel« ereignet. Unsere Auswahl aus dem überlieferten Material stellt einen Wanderlehrer vor, der in Untergaliläa in die Häuser ging, in denen er sich vor allem kranken und hilfsbedürftigen Menschen zuwandte. Er lebte diesen Menschen unter den Bedingungen der landesübli-

Ein spektakuläres Kunstwerk, im Übergang von der Romanik zur Gotik erschaffen. Es zählt zu den besten Werken deutscher Kunst: die schönste, eindrucksvollste und wertvollste Martinus-Darstellung des Abendlandes. Das aus grauem Sandstein gearbeitete Relief ist ein Werk des Naumburger Meisters, der um 1240 in Mainz gearbeitet hat. Heute befindet sich das Relief in der Kirche von Bassenheim bei Koblenz.

Im Symbol der Mantelteilung hat sich in der Vergangenheit alle mitmenschliche Hilfe verstanden. Bertolt Brecht aber spottete: »Der heilige Martin, wie ihr wißt / Ertrug nicht fremde Not. / Er sah im Schnee ein' armen Mann / Und er bot seinen halben Mantel ihm an / Da froren sie alle beid zu Tod. // Der Mann sah nicht auf irdischen Lohn! / Und seht, da war es noch nicht Nacht / Da sah die Welt die Folgen schon: / Selbstlosigkeit hatt' ihn so weit gebracht! / Beneidenswert, wer frei davon.«

chen Ausbeutung ein Leben offenen Heilens und geteilten Essens vor, ein Leben menschlicher Kontakte ohne Diskriminierung.

Nun hat er die Parabel vom »barmherzigen Samariter« erzählt, um Menschen zu gewinnen, die ähnlich großzügig sind. Wenn wir die Geschichte in die säkulare Gegenwart übertragen, gibt es heute viele Organisationen, die sich diesem Geist verpflichten. Manche unter ihnen leisten vollen Einsatz, denken in ihrer Programmatik aber nicht mehr an Jesus, weil sie ihn exklusiv den Kirchen überlassen. Dort kann er mit Caritas und Diakonie unter den Bedingungen berufsmäßiger Hilfe noch präsent sein.

Aber es gibt daneben auch eine breite Spur freiwilligen Engagements. Vielleicht sind es das Rote Kreuz, die Arbeiterwohlfahrt, Greenpeace, amnesty international, Ärzte ohne Grenzen, Human Rights Watch, World Wildlife Fund ... und viele weitere nichtstaatliche Organisationen, die versuchen, Leid zu mindern, grundlegende soziale Dienste zu leisten, die Interessen der Armen zu vertreten und Tiere und Umwelt zu schützen.

Es ist eine offene Frage und dennoch lohnend zu bedenken, wo Jesus heute zu finden wäre, könnte er noch einmal kommen.

Dostojewski sah für Jesus in seiner Legende vom Großinquisitor keinen Platz in der Kirche. Der greise Kardinal-Großinquisitor, der ihn im Kerker festsetzen lässt, versucht ihm in einem langen Monolog darzulegen, warum Jesus kein Recht mehr habe, durch ein erneutes Erscheinen das Wirken der Kirche zu stören. Er habe kein Recht mehr, auf die Erde zurückzukommen und »die Ordnung zu stören«, welche die römische Kirche über tausend Jahre hin errichten konnte. Deshalb werde er ihn am nächsten Morgen als »schlimmsten aller Ketzer« zum Tode auf dem Scheiterhaufen verurteilen.

Viele andere — Schriftsteller, Künstler, Philosophen, nachdenkliche Menschen jeder Couleur — können sich ebenfalls nicht vorstellen, dass Jesus im kirchlichen Milieu unserer Tage zu Hause wäre, weil ihm die klerikale Männerherrschaft mit ihren Ämtern, Titeln, Gewändern, Reichtümern, Verwaltungen, Übergriffen und Verlogenheiten ein Graus sein müsste.

Kommt dann noch ein Glaubenssystem hinzu, das sich seit dreihundert Jahren nicht mehr der freien Forschung aussetzt, das den historischen Jesus und den dogmatischen Christus miteinander verfilzt und in Gebeten, Liedern und Bildern ein befremdendes Jesus-Klischee präsentiert, ist alles getan, aufrecht denkende Menschen abzustoßen. Es bleibt eine Kirche, die den Reichtum der Jahrhunderte zu-

sammengetragen hat; die zwischen dem Evangelium Jesu und dem Evangelium des Paulus nicht unterscheidet; die darum auch nicht mehr weiß, wie sie ursprünglich, frisch und gegenwartsbezogen die Sache Jesu in der heutigen Welt vertreten kann, und darum von Jahr zu Jahr hunderttausende Menschen verliert. Sie alle wenden sich unbetroffen und gelangweilt ab, weil ihnen das säkulare Reich Gottes nie bewusst wird. Die verbleibende Volkskirche hat mehr mit Marien- und Heiligenverehrung, Wallfahrten und Reliquienkulten zu tun, als damit, den historischen Jesus von Nazaret kennenzulernen, sich mit ihm auseinanderzusetzen, sich an ihm zu reiben, ihn säkular gegenwärtig zu machen.
Ein fiktiver Christus als zweite Person im dreifaltigen Gott ist für das soziale und politische Zusammenleben der Menschen entbehrlich. Wenn der historische Jesus und sein Programm nicht eine säkulare Präsenz zurückgewinnen — für Christen und Nichtchristen, vermeintlich Gläubige und vermeintliche Atheisten —, bleibt auch das Rest-Christentum entbehrlich.

Es gibt viel zu tun.

Anmerkungen

1 http://www.woerterbuchnetz.de/cgi-bin/WBNetz/wbgui_py?sigle=DWB&lemid=GF09669 (Stand: 12.12.2020).

2 Bernhard Stasiewski, Akten deutscher Bischöfe über die Lage der Kirche 1933–1945, Bd. I, Mainz 1968, 15.

3 Hans-Peter Schmidt, *Schicksal — Gott — Fiktion. Die Bibel als literarisches Meisterwerk,* Paderborn 2005.

4 *Das Gilgamesch-Epos.* Neu übersetzt und kommentiert von Stefan M. Maul, München 2005 ff.

5 Hans-Peter Schmidt, *Schicksal — Gott — Fiktion* [Anm. 3]. Darin das Vorwort von Jan Assmann, *Die Geburt der Religion aus dem Geist der Literatur;* 11 ff. In diesen Zusammenhang gehören auch die Bücher von Jack Miles, *Gott. Eine Biographie,* München 1996, und *Jesus. Der Selbstmord des Gottessohnes,* München/Wien 2001. Beide Werke lesen Altes und Neues Testament als literarische Kunstwerke der Menschheit. Daneben zeichnet das Buch von Bernhard Lang, *Jahwe, der biblische Gott. Ein Porträt,* München 2002, die beispiellose Karriere des biblischen Gottes, der von einer politisch unbedeutenden Randlage des östlichen Mittelmeeres zum monotheistischen Gott der westlichen Kultur aufgestiegen ist.

6 Katechismus der Katholischen Kirche, 1977, Nr. 403 f.

7 Friedrich Christian Delius, *Warum Luther die Reformation versemmelt hat. Eine Streitschrift,* Reinbek bei Hamburg 2017.

8 Christian de Duve, *Aus Staub geboren. Leben als kosmische Zwangsläufigkeit,* Heidelberg-Berlin-Oxford 1995, 372.

9 Zitiert nach: Bruno Latour, *Jubilieren. Über religiöse Rede,* Berlin 2011, 20 f.

10 Longos, *Daphnis und Chloe. Aus dem Altgriechischen von Kurt Steinmann.* Manesse Bibliothek, Zürich 2019.

11 Überlieferungen nach den *Fioretti,* Kap. 13. *Die Blümlein des heiligen Franziskus von Assisi.* Aus dem Italienischen von Rudolf Bindung, Frankfurt am Main 1973.

12 Walt Whitman, *Grashalme.* Verlag Deutsche Volksbücher o.J.

13 Frederik Hetman [Hans Christian Kirsch], *Die Spur der Navahos. Leben und Geschichte eines indianischen Volkes,* Recklinghausen 1969, 146. — Werner Müller, *Geliebte Erde. Naturfrömmigkeit und Naturhass in Nordamerika,* Bonn [3]1979.

14 Melvin Randolph Gilmore, *Prairie Smoke,* New York 1929; zit. n. Werner Müller, *Geliebte Erde* [Anm. 13], 9, 10 ff.

15 Zit. n. Werner Müller [Anm. 13], 23 f.

16 *Der Physiologus.* Übertragen und erläutert von Otto Seel, München 1970; 4. Aufl. ebenda 1984. *Physiologus.* Griechisch/Deutsch, übersetzt und herausgegeben von Otto Schönberger. Reclam, Stuttgart 2001.

17 Carl Amery, *Das Ende der Vorsehung. Die gnadenlosen Folgen des Christentums,* Reinbek bei Hamburg 1972. Carl Amery (Pseudonym von Christian Anton Mayer (1922–2005) war Mitglied der Gruppe 47, 1976/77 Vorsitzender im Verband deutscher Schriftsteller (VS) und von 1989 bis 1991 Präsident im PEN-Zentrum Deutschland. Später war Amery Gründungsmitglied der Partei »Die Grünen«.

18 Überliefert von A.C. Bhaktivedanta Swami Prabhupada (1896–1977), Autor religiöser Bücher, Kommentator und Übersetzer bekannter heiliger Schriften des Hinduismus sowie Gründer der Internationalen Gesellschaft für Krishna-Bewusstsein. Eine Quellenangabe für den legendarischen Text steht aus.

19 Rosa Luxemburg, *Briefe aus dem Gefängnis,* Wronke, den 2. Mai 1917. http://www.lexikus.de/bibliothek/Rosa-Luxemburg-Briefe-aus-dem-Gefaengnis (Digitale Bibliothek).

20 Albert Schweitzer, *Kultur und Ethik,* München 1951, 240 f.

21 Walter Dirks, *Sensibilität für die Kreatur. Die Tiere unsere Brüder,* in: *Brüderlichkeit. Die vergessene Parole.* Hg. von Hans Jürgen Schultz, Stuttgart 1977, 88.

22 Peter Bürger, *Friedenslandschaft Sauerland. Antimilitarismus und Pazifismus in einer katholischen Region.* Edition Leutekirche Sauerland 1. Books on Demand, Norderstedt, 2016, 28 f.

23 Navid Kermani, *Ungläubiges Staunen. Über das Christentum,* München 2015, 278 f.

24 *Das Albert Schweitzer Lesebuch.* Hg. von Harald Steffahn, München 2009, 226.

25 Meister Eckhart, Deutsche Predigten und Traktate. Übersetzt von Josef Quint, München 1963, 185.

26 Hubertus Halbfas, *Religiöse Sprachlehre. Theorie und Praxis,* Ostfildern 2012.

27 Hubertus Halbfas, *Die Bibel für kluge Kinder und ihre Eltern,* Ostfildern 2013.

28 Platon, *Apologie des Sokrates,* 21C–22B, in Anlehnung an die Übersetzung von Friedrich Schleiermacher.

29 Bernhard Lang, *Jesus der Hund. Leben und Lehre eines jüdischen Kynikers,* München 2010.

30 John Dominic Crossan, *Jesus. Ein revolutionäres Leben,* München 1996, 96–100; 103.

31 Nach Vilhelm Grønbech, Kultur und Religion der Germanen, Hamburg: Hanseatische Verlags-Anstalt 1937–1939, 4 Bde.; Darmstadt: Wissenschaftliche Buchgesellschaft 1954, 2 Bde.; Reprint Leipzig 2011.

32 Hubertus Halbfas, *Mehr als alles. Geschichten, Gedichte und Bilder für kluge Kinder und ihre Eltern,* Ostfildern 2017, 150–173.

33 Ausführlich dazu: Hubertus Halbfas, *Der Glaube. Erschlossen und kommentiert,* Ostfildern 2010, 288–301.

34 Zit. n. Karl-Josef Kuschel, *Lust an der Erkenntnis, Die Theologie des 20. Jahrhunderts. Ein Lesebuch,* München 1994.

Abbildungsverzeichnis

Umschlag und 33: »Löwenmensch«, Statuette aus Mammutelfenbein, H 311 mm, B 73 mm, T 59 mm Jüngere Altsteinzeit (Aurignacien), Alter um 40.000 Jahre. Fundort: Höhle Hohlenstein-Stadel, Gmk. Asselfingen, Baden-Württemberg, Deutschland. Zeichnung: Christina von Elm, Tübingen.
Mit freundlicher Genehmigung des Museums Ulm. © Christina von Elm.

15: Griechische Gottheit Apollon, Westgiebel Olympia, Archäologisches Institut Universität Erlangen Nürnberg, Barythabzug, Bildarchiv Foto Marburg.

16: Kopf der Göttin Hygieia aus dem Tempel der Athena Alea in Tegea in Arkadien (350 v. Chr.).

45: Walter Schrader, Heuschreckenprozession, 1972 © Doris Schrader.

93: Roland Peter Litzenburger, Mich dürstet nach reinem Wasser. Federzeichnung 1974 © VG Bild-Kunst, Bonn 2017.

131: Otto Pankok, Christus zerbricht das Gewehr, 1950 © Otto-Pankok-Museum, Hünxe.

154: Sokrates, Marmorbüste, 1. Jh. Ausgestellt in der Abteilung Griechichische, Etruskische und Römische Altertümer, Louvre, Paris (Foto: Eric Gaba, Wikimedia Commons Lizenz).

158-159: Die Zeugung des Sohnes. Nachzeichnung von Abdel Gaffar Shedid aus den Wandreliefs von Deir-el-Bahri, dem Totentempel der Königin Hatschepsut (1488–1360), hier wiedergegeben nach Eugen Drewermann, Dein Name ist wie der Geschmack des Lebens. Tiefenpsychologische Deutung der Kindheitsgeschichte nach dem Lukasevangelium, Freiburg 1990, 56 f. — Jan Assmann vermittelt den Zyklus in 15 Szenen aus Raum XIII des Luxor-Tempels und ergänzt ihn mit zwei weiteren Szenen aus Deir-el-Bahri. Der gesamte Zyklus umfasst Geburt, Jugend und Krönung des Gottessohnes. Siehe: Jan Assmann, Die Zeugung des Sohnes. Ikonizität, Narrativität und Ritualität im ägyptischen Mythos, in: ders., Ägyptische Geheimnisse, S. 59–98. Spätere Mammisi (koptisch »Geburtshaus«) sind besondere Bauten, die bis in die Römerzeit (747 v. Chr. bis 395 n. Chr.) Tempeln wie denen von Edfu, Dendera und Philae (meist im rechten Winkel zur Achse des Haupttempels) zugeordnet waren. Siehe auch in H. Halbfas, Religiöse Sprachlehre, S. 363 f. und Die Bibel für kluge Kinder ..., S. 95.

180: Rembrandt van Rijn, Abraham bewirtet die drei Engel.

181: George Grosz, Der Fresser. © Estate of George Grosz, Princeton, N.J./VG Bild-Kunst, Bonn 2015.

188/189: Jesus-Bilder. Zeichnungen: Peter Frommann © Verlagsgruppe Patmos in der Schwabenverlag AG, Ostfildern.

197: Bassenheimer Reiter (Foto: Lothar Spurzem, Wikimedia Commons Lizenz).

Dr. Hubertus Halbfas, Religionspädagoge und Theologe, Anreger von Zukunftsdebatten des Christentums. Er war von 1967 bis 1987 Professor für Religionspädagogik an der Pädagogischen Hochschule Reutlingen und hat der deutschsprachigen Religionspädagogik wegweisende Impulse gegeben. Hubertus Halbfas ist Autor zahlreicher Veröffentlichungen bei Patmos.

Vom Autor sind im Patmos Verlag unter anderem erschienen:

Der Sprung in den Brunnen. Eine Gebetsschule, Neuausgabe [19]2016
ISBN 978-3-8436-0754-4

Kann ein Atheist Christ sein? Eine grundsätzliche und notwendige Überlegung, 2020
ISBN 978-3-8436-1227-2

Kurskorrektur. Wie das Christentum sich ändern muss, damit es bleibt. Eine Streitschrift, [4]2020
ISBN 978-3-8436-1084-1

Glaubensverlust. Warum sich das Christentum neu erfinden muss, [6]2017
ISBN 978-3-8436-0100-9

Religionsunterricht nach dem Glaubensverlust. Eine Fundamentalkritik, 2012
ISBN 978-3-8436-0200-6

Religiöse Sprachlehre. Theorie und Praxis, 2012
ISBN 978-3-8436-0206-8

Das Welthaus. Texte der Menschheit. Literatur und Religion: Ein Lesewerk, Band 3, 2017
ISBN 978-3-8436-0683-7

Das Menschenhaus. Gedächtnis der Zeiten. Literatur und Religion: Ein Lesewerk, Band 2, 2016
ISBN 978-3-8436-0682-0

Das Christenhaus. Literarische Anfragen. Literatur und Religion: Ein Lesewerk, Band 1, 2015
ISBN 978-3-8436-0666-0

Mehr als alles. Geschichten, Gedichte und Bilder für kluge Kinder und ihre Eltern, [2]2020
ISBN 978-3-8436-0986-9

Die Bibel für kluge Kinder und ihre Eltern, [4]2019
ISBN 978-3-8436-0439-0

Die Bibel — erschlossen und kommentiert von Hubertus Halbfas, [6]2010
ISBN 978-3-491-70334-6

Das Christentum — erschlossen und kommentiert von Hubertus Halbfas, 2004
ISBN 978-3-491-70377-3

Der Glaube — erschlossen und kommentiert von Hubertus Halbfas, 2010
ISBN 978-3-491-72563-8

Landschaft, Dorf und Stadt. Man sieht nur, was man weiß, 2018
ISBN 978-3-7995-1327-2

Die Zukunft unserer Kirchengebäude. Problemlage und Lösungswege, 2019
ISBN 978-3-8436-1112-1

Der Sprung in den Brunnen. Eine Gebetsschule

206 Seiten | Hardcover

ISBN 978-3-8436-0754-4
www.verlagsgruppe-patmos.de

In einem an Platons Dialoge erinnernden Lehrergespräch eröffnet Hubertus Halbfas Zugänge zur spirituellen Dimension des Lebens. Die Meisterschaft des Autors erweist sich darin, gedankliche Klarheit und erzählerische Form einladend miteinander zu verbinden. Anregend zeigt er die Einheit von Gottes- und Selbsterfahrung auf. Daraus erwächst den Leserinnen und Lesern Mut zu eigener Erfahrung und Sprache. Ein Klassiker der spirituellen Literatur.